成為
自己的光

卡巴拉夢行者的生命奇航

KABBALAH AND THE POWER OF DREAMING

Awakening the Visionary Life

CATHERINE SHAINBERG
凱薩琳・仙伯格——著　童貴珊——譯

各界推薦

很多文化相信，在做夢時，靈魂會離開做夢者的身體前往其他世界，並有可能造訪一個想像的國界，在那裡，做夢者似乎擺脫了時空的限制。在本書中，作者凱薩琳．仙伯格不僅帶領我們進入那片想像天地，還提供了富含洞察力的見解與旅程指南。自約瑟與他的預言夢時代迄今，尚無人能提供這樣一本如此完整、充滿故事性的指南。

——弗萊德．艾倫．沃爾夫（Fred Alan Wolf）博士，《從心靈到物質》（*Mind Into Matter*）作者

本書精采地探索了夢與想像世界的奧祕，以及它們如何在幻想與現實之間悠然舞動。凱薩琳．仙伯格結合了古代的神祕智慧與當代隱喻，不僅闡明了做夢現象的認知，以及夢對清醒世界的影響，還提供了大量實際可行的練習與冥想，讓讀者親自體驗這兩個世界的智慧。仙伯格是當代少數幾位著名的女性卡巴拉學家柯列．阿布可．馬斯卡（Colette Aboulker-Muscat）的重要弟子。一如她的恩師柯列，仙伯格透過她對心像與夢境的治療工作，至今幫助了無數的人。在這本書中，她首次與我們分享卡巴拉傳統中至今仍難以企及的大智慧，可視為猶太靈性智慧經典文學的重要補充。

——拉比格森．溫克勒（Gershon Winkler），《卡巴拉 365》（*Kabbalah 365*）作者

作者凱薩琳．仙伯格藉由「清醒夢」的練習，為夢與想像世界提供一種新穎、創新與獨特的方法。透過這些練習，她以一種務實可行的方式，為預言式卡巴拉的古老智慧注入了新生命。這本書值得你好好閱讀、專注享受，書中所提供的靈性生活觀，將為你帶來滿滿的收穫。

——傑拉德．艾普斯汀（Gerald Epstein）醫學博士，《心像治療》（*Healing Visualizations*）作者

中世紀的猶太卡巴拉傳統教導我們，有一個世界，隱於周而復始、規律的日常背後，比我們當下的現實世界，更真實。卡巴拉學者建立按部就班的冥想與視覺化練習，身體力行，並藉此汲取對另一世界的觀照與洞察力。集心理學家、詩人與夢行專家於一身的凱薩琳．仙伯格，透過本書，為今天所有求道者提供了一份溫暖、豐富而詳盡的指導。她以自己如何尋找人生定位的故事為序，帶領讀者橫渡卡巴拉故事與原型的海洋。對於那些想深入探索想像力，以及與他人建立深刻關係的人來說，是一本真誠豐富的著作。

——埃莉諾．門羅（Eleanor Munro），《先行者》（*Originals*）作者

這是一本不同凡響的入門書，指引我們如何將靈魂重新安置於身體，走一趟「與心同行」的道路。作者凱薩琳．仙伯格是造詣極深的靈性導師，她提醒我們，夢不僅僅是在睡覺時進行，還可以透過記憶與指引我們的神聖目標來喚醒更深層次的生命。這本書教導我們如何發掘「本源能量」——包括與身

體對話、想讓身體變得更好的圖像，同時，還告訴我們要怎麼做，才能活在創造的當下。仙伯格在書中羅列了一系列實用的練習，教導我們如何將恐懼與憤怒轉化為「以心為中心」的能量，從而將我們從習慣的制約中解放出來，修補與療癒「大地與天空」之間的傷痕。我強烈推薦這本書。

——羅柏．摩斯（Robert Moss），《易洛魁族人的夢之旅》（*Dreamways of the Iroquois*）作者

在這本書中，凱薩琳．仙伯格以她個人踏上「夢與圖像世界」令人著迷的敘述開始，揭示她如何幾經曲折，找到並師承著名的卡巴拉大師柯列．阿布可．馬斯卡。作者憑藉多年的經驗，指導我們透過夢行去探索內在成長的可能性，並提供生動的練習，一步步打開我們的心智與心靈。就我個人而言，越來越能領會到「夢的力量」，而仙伯格的書，充分體現了這份力量。她正走在一條美不勝收的道路上。

——羅德格．卡曼尼茲（Rodger Kamenetz），《蓮花中的猶太人》（*The Jew in the Lotus*）作者

僅以此書，獻給我的導師柯列・阿布可・馬斯卡（Colette Simhah Aboulker-Muscat）；一本她來不及讀的書。柯列於二〇〇三年十一月二十五日在耶路撒冷的家中離世，享年九十四歲。去世前一晚，她仍一如既往接見訪客，分享智慧的言行思想。我當時剛從美國抵達她家，我們一起度過了整個上午，深談與交流。然後，她把我送走，不久便闔眼離世。

已逝的聖者們，他們如今比起活著的時候，更全面與深刻的存在於這世上。

——《光輝之書》（*Zohar*）III，70B

柯列的教導，在你即將閱讀的內容中傳承不輟。

目次

作者序

凝視。接收。光之卡巴拉

我身睡臥，我心卻醒。
——《聖經．雅歌》5:2

我這輩子一直是個夢行者。小時候聽著音樂，我總能同時瞥見絢爛奪目的圖像。我和仙子、天使們一起生活，能夠自由出入他人的夢境。我不僅在夢中「看見」他們，還能幫助他們。我母親說我痴人說夢、虛度生命，要我活得實際一點。但我以為自己已經夠務實了。

比方說，我知道做夢不能取代正規的學業，所以自創了這樣的方法：用一隻耳朵聽課，然後想像把老師的話放進我腦海中的一個袋子裡，就像駱駝的第二個胃。我發現，稍後在回答老師的問題時，只要我能夠觀想出這個袋子，總能回想起這些資訊而對答如流。

與此同時，我**真實**的人生在另一個世界持續著。坐在教室裡，我凝視著天花板的一角，終日做夢，但無人察覺。年少的我，一想起上大學，實在無從想像有哪個科系能像夢中所見的美麗圖像與聲音那般有趣。長大後，那些存在於藝術家內心世界的動人畫面與音樂，變得越來越真實，於是我決定踏上藝術這條路。

聽到柯列的名字，腦中瞬間炸開，白光閃爍……

在巴黎，隨處可見教堂、宮殿、花園、雕像與噴泉。每個轉角都有值得一看的風景。學藝術的我，會信步走進羅浮宮裡看畫。通常在研究一幅畫後，我都得直接回家讓自己冷靜下來，因為所有感覺都太強烈了。

我很想知道，為何畫裡的某些顏色與形狀會如此觸動我的心，而其他顏色與形狀卻對我毫無影響。在我周遭的世界充滿了豐富多元的視覺樂趣與可能性，於是我開始玩起了形狀與顏色的遊戲。比如說，我會把馬諦斯（Henri Matisse）畫裡的一顆檸檬遮起來，整幅畫瞬間變得死氣沉沉；而當我將布魯哲爾（Pieter Bruegel The Elder）的畫作《盲人引領盲人》（*The Blind Leading the Blind*）左右置換來看時，原畫中失控往右邊摔跌的盲人，變成了望向左邊，尷尬地盯著地上的一個洞，正反畫作的視覺效果迥然不同。

我想知道，有沒有什麼法則可以用來描述形狀、顏色與空間方向如何影響我們的情緒。我知道夢中的某些顏色會讓我害怕，有些顏色則令我愉悅；也知道，每當我走進巴黎聖母院這座聳立於塞納河上的哥德式教堂時，可以感知到我的身體變得輕盈、高大、安詳；而如果我在不知情的情況下，背對著塞尚（Paul Cézanne）的畫作，背部的皮膚會開始有刺痛感，我甚至不必轉身去確認，就能知道畫家是誰。

其他人也像我這麼敏感嗎？有沒有可能，他們其實也跟我一樣敏感，只是自己不知道？我發現，人們常會說有些地方讓他們感覺良好，而有些地方卻讓他們感到壓迫。我可以從哪裡找到這類體驗的資訊？而一旦找到了，又該拿這些資訊做什麼？

我試圖把這些想法當作博士論文的研究議題，但我的教授們並不認同，他們把我引向更實際的題目。於是我放棄了。

想像一個夢行者獨自在巴黎，無業、無目標。她還能做什麼？當然是做夢啊！我的夢會告訴我該做什麼。然而，接受這樣的指引，卻伴隨著心理上的痛苦做為代價，因為我還沒學會完全信任夢境，結果就是：在按照夢境指示去做時，我難免對未來產生了不安與恐懼。

即便是已有所成的夢行者，如果每天的生活事務都充滿著不確定感，也是很不好受的。於是，我在出版社找了份工作，然後認識了一位來自北非的年輕猶太人。

聽著他談自己的想法，去見他的朋友們（他們是來自地中海地區的猶太人），在聊天過程中，我被他們靈活的思維、強大的想像力及善良的態度所征服。他們的世界令我心嚮往之，於是我去了埃及。我前後去了四次埃及，還去了黎巴嫩、敘利亞和約旦。這些國家我去再多次都嫌不夠，對我來說，它們就像家一樣。

我出身自多爾多涅省（Dordogne）一個古老的法國貴族家庭。當時，我對自己欲罷不能的「中東狂熱」，所能想到的其中一個解釋是，我的身體裡有某個曾參與十字軍東征的老祖宗所留下的基因，而它們被喚醒了。

後來，外在的狀況與越來越多的夢境，引導我走向了以色列。我莫名其妙地去了沙漠裡的一個集體農場（kibbutz，音譯為「基布茲」），當時的我完全不懂自己在做什麼！我竟然丟下了美國常春藤大學提供的獎學金，一個人跑到了內蓋夫（Negev）的沙漠農場摘水果。

我沒有工作、沒有錢、前途渺茫，而且不會說希伯來語。我在這樣的環境中待了兩年，那是我這一生中過得最糟糕的日子。那些夢停了，我在黑暗中坐困愁城，舉目無親。回家不是我的選項，我成了與世隔絕的隱士。

基布茲農場裡有一群年輕的法籍猶太人，某個安息日，有朋友從耶路撒冷來找他們。那天我仍然像往常一樣畏畏縮縮，但在聽到他們說起熟悉的法語時，我就像被磁鐵吸引過去一樣，也加入了他們在草坪上的聚會。

我向一個名叫以利的男生問起耶路撒冷的法國團體。他告訴我，這個團體的主導人物是一位名為「柯列」（Colette）的女士。柯—列，一聽到這個名字，我的腦中瞬間炸開，白光閃爍。我看見一顆巨大明亮的星星，並且毫無疑問地知道，自己必須要去見一見這位女士。

我對她一無所知，以利能告訴我的極其有限，他只見過柯列一次。但一聽到她的名字，我又開始做夢了！我要了以利的電話號碼，等待前往耶路撒冷的機會。

事情當然沒那麼簡單，我們一路都在接受考驗。一開始，以利爽約，沒有出現。我去了耶路撒冷六次，眼見著贖罪日戰爭（Yom Kippur War）開打又結束了*，他仍然沒帶我去見她。過了好久我才明白，原來他是擔心萬一真的帶我去見柯列，她可能會不想理我們。

但那個時候，我想見柯列的念頭越來越強烈。雖然口袋裡的錢所剩無幾，我仍然離開了基布茲，搬到耶路撒冷。這下子，以利想躲也躲不掉，只得硬著頭皮面對現實——不管他怎麼想，瘋狂的我就是要他引薦我認識這位充滿魅力的柯列女士。終於，他帶我去見她了。

我自己就是一本書……

街道上寂靜無聲，隨處可見盛開的紫藤與九重葛。她家入口處被野玫瑰與茉莉半遮掩著，大門是藍色的，有幾級石階通向她的花園。門半開著。

步入略顯幽暗的空間，迎接我們的，是一面長鏡中映著的我們身影。我們繼續前行，來到一個

---

*編按：贖罪日戰爭是發生於一九七三年十月六日至二十六日的一場中東戰爭。

鋪滿靠墊與東方地毯的小沙龍，上方懸吊著一盞美麗的阿拉伯銅製吊燈。

有個聲音召喚我們進柯列的臥室，但那房間看起來更像是皇后的接待室。柯列躺在床上，背後靠著許多枕頭。房間裡裝飾著華麗的十六世紀阿爾及利亞木鑲板，堪稱是博物館等級。她招手讓我們坐到床邊的椅子上。「你想要什麼？」她問我。

我用做夢般的聲音毫不遲疑地說：「請教我圖像畫面如何觸動一個人！」

柯列笑了起來：「我等你很久了！」

柯列是誰？我根本不用問這個問題，就對她一見如故。我們第一次見面時，她似乎對我的故事興趣缺缺，反而對我以心靈之眼所看到的畫面很感興趣：「閉上你的眼睛，慢慢呼氣三次，想像……然後告訴我，你看到了什麼。」

後來我才意識到，我所看到的畫面已經告訴她關於我的一切，包括我將往何處去。對她而言，我看到的畫面就像一張地圖或一本書，她可以從中研讀並指引我。她的回應讓我覺得受到了支持，能安心地接受所「見」畫面的引導。一場偉大的探索之旅展開了！這種對自我的探索，將會帶領我走得比想像的更深入，甚至包括了對宇宙結構與觀念的探索。

柯列禁止我問問題，也不讓我閱讀任何與圖像、夢境或神話相關的東西。她告訴我，透過閱讀所獲得的畫面會與我內在的心像混淆，如此一來，我將永遠無從認識真正的自己。**我自己就是一本**

書，所有內容都在我之內。

柯列是誰？親眼見識後，我覺得她是位備受敬仰的尊貴之人。這一點，從她如女王般的儀態及強勢的態度就可看出來，而她的優雅與對他人的關心，則讓我想起了我的姑婆和叔父。自一九六七年的六日戰爭後，為了接待隨時上門求助的人，柯列一次也沒有離開過家或跨出門前的那條街道。

柯列身上同時具有母性的溫柔與令人生畏的威嚴，對我而言，她就像一塊強大的磁鐵。在她面前，我覺得自己全然袒露、無從隱藏。我徹頭徹尾沉浸於滿滿的愛中，對她著迷不已。柯列把她過世女兒的衣服給了我，把我帶進她的生活與內心深處。不久後我知道，柯列來自阿爾及利亞一個著名的猶太醫生世家，父親是享譽北非的神經外科醫生，被阿拉伯人尊稱為「大聖人」。柯列曾擔任父親的私人助手十四年，並在父親的傳授下，學會如何觀察病患與診斷病情。在跟隨柯列的那些年，我從不曾見過她的診斷有任何差池。

在決定獻身助人之前，柯列已經是一名出色的舞蹈家、音樂家與雕刻家。後來，她到巴黎師事羅伯特．德索耶（Robert Desoille，開發出「引導式清醒夢療法」〔Directed Waking Dream Therapy〕的心理醫生）。取得心理學學位後，在阿爾及利亞醫院的精神科病房工作。

由於覺得德索耶的療法與技術有限，柯列開始發展自己的法門，其中有些傳承自她家族的心像（imagery）練習，也有些是源自她個人的創作天分。我在本書要介紹的這套經過融會貫通的強大系統，就是她的心血結晶。

從內在凝視接收訊息

柯列的父母雙方，都擁有古老西班牙賽法迪猶太人（Sephardic）卡巴拉學家的血統。第一位有記載的中世紀卡巴拉學家盲眼修士拉比以撒（Rabbis Isaac），以及他的跟隨者——西班牙赫羅納（Gerona）卡巴拉圈子裡的重要人物艾薩克・本・希賽（Jacob ben Sheshet），都是柯列的直系祖先。這兩位都以勇於探索各種神祕學奧祕而聞名，這些奧祕很可能源自古老的梅爾卡巴卡巴拉（Merkavah Kabbalah）。

這是卡巴拉最古老的形式，相關記載可在「米德拉什」（Midrashic）與「塔木德」（Talmudic）的文本中找到，也可以在「哈卡洛」（Heikhalot）與「梅爾卡巴」（Merkavah）相關文獻中覓得蹤跡，還有一些偽經的手抄本中也曾提及，例如希伯來文《以諾書》（*The Book of Enoch*）。在西元第一、二世紀時，已有平民信徒與塔木德聖人在修習，包括那個時代最重要的猶太學者拉比阿基貝（Akiba）。修練者的任務是要能在內在視覺中，看到自己穿越天界球體（通常被視為不同的天上宮闕），揚升到戰車寶座（即梅爾卡巴），如果能夠修練到此境界，就可以「看見」神的形象（有時也被稱為Kavod，即神性的彰顯或榮耀）以人的樣子出現，也就是《以西結書》所說的，「在寶座形象上有彷佛人的形狀。」（1:26）

在卡巴拉大師的文獻中，他們描述了一個可以追溯到猶太法典和聖經時代「牢不可破的傳承之鏈」。例如，卡巴拉最具影響力的重量級文本《光輝之書》（*Zohar*），據作者德萊昂（Moses de Leon）所說，是傳承自第二世紀的聖人拉比約海（Simeon Bar Yochai）。眾所周知，希伯來《聖經》中有很多天啟，就是來自先知以西結、以利亞及以諾見到的異象，一路到族長亞伯拉罕、雅各與約瑟的夢境，以及摩西、撒母耳或約拿的異象體驗。若詳細探究《聖經》文本，不難發現，在聖經時代，與神交流溝通最普遍的管道，顯然是透過視覺化的方式。

由此可見，柯列的修練方法與她的祖先們是一脈相傳的，都是屬於「體驗式」的。柯列的某些練習雖然立基於文本，但與其他卡巴拉法門不同的是，她的方法不是直接去學習或分析文本，也不採用「希伯來字母代碼」（Gematria）的數祕術，更不涉及「生命樹」及其十個能量球體的研究。

柯列的方法是一種純粹的卡巴拉（Kabbalah 的意思是「接收」）：一個人從自己內在的凝視中接收訊息。因此，她的卡巴拉不是晦澀神祕、難以進入的系統，而是對圖像世界的探索——這個世界所使用的語言，對於任何宗教派別都是共通的。

靈魂透過心像，指引我們走向自己真正的命運

初識柯列時，我還不是猶太教徒，而她也從未跟我提起過猶太教，直到我內在的心像指引我去探究猶太教時，她才翻開幾本書，給我看關於卡巴拉主義的內容。這些書證實了我長久以來透過心

像練習，在自己身上發現的一切。此後我改信了猶太教，因為很顯然的，我是猶太教徒。當然，也有其他學員從中發現他們是佛教徒、蘇菲派教徒或基督徒。我們的內在靈魂會透過心像與我們對話，指引我們走向自己真正的命運。

猶太卡巴拉一般只傳承給男性，然而，就如同某些西班牙賽法迪猶太家族一樣，柯列家族也會鼓勵女性學習卡巴拉，並扮演積極的角色。柯列家族不乏學有專精、赫赫有名的女人，例如文藝復興時期最偉大的猶太女性人物多娜・門多薩（Dona Gracia Mendoza）。柯列的祖母也是位著名的教師，經常在自家花園裡招待來自阿爾及利亞的拉比和重要人物。

柯列還小時，就從祖父那裡接收了按手之禮*，得到整個家族的祝福，傳承家族的種種教導。她的身上有三處明顯的美麗胎記，位置分別在第三眼、左手掌及心臟部位。根據家族傳統，這些胎記預示著她生來就是為了拯救猶太人與這個世界。

確實如此，柯列與她當時才十幾歲的弟弟荷西・阿布科（Jose Aboulker），曾經是北非抵抗運動的領導人，協助美軍能夠順利在阿爾及利亞附近登陸，隨後促成了第二次世界大戰的結束。戰爭期間，柯列經常在阿爾及利亞廣播電台為自由勇於發聲，後來成了二戰的受勛英雄，你可以在記錄那個時代的歷史書中讀到她的故事。

柯列後來出任「國際猶太復國主義婦女組織」（Women’s International Zionist Organization, WIZO）北非區主席，猶太教徒、穆斯林與基督徒都會尋求她的協助，同時她也是天主教教會正式認可的驅魔師。此外，玫瑰十字會（Rosicrucians）也曾授予她榮譽勛章，在她之前只有四名女性獲此殊榮，其中一位是美國羅斯福總統夫人愛蓮娜。

柯列的夫婿阿里爾．馬斯卡（Arie Muscat）是以色列地區的猶太教大使，後來又出任耶路撒冷的審計長，夫妻兩人一起為以色列的事業竭盡心力。每個週六晚上，他們會在耶路撒冷的家裡舉辦家庭招待會，慶祝安息日的結束。

來自世界各地的人會坐在柯列家中，接受她的教導。在她生命的最後時光，她的工作重心是幫助那些重症末期患者，其中有許多人在做了她所教導的心像練習後，至今還活得好好的。在紀念大衛王建都三千年的慶典上，耶路撒冷城特別授予她著名的「摯愛勛章」（Medal of the Beloved），以表彰她獨特的貢獻與成就。

以上寥寥幾筆，只是柯列一生諸多事蹟的幾個例子，若要詳述，恐怕得寫上厚厚的一本書。對我而言，她改變了我的人生，一如她改變無數人的生活一樣。我想起她常說的，我們這些學生才是她這一生真正的勛章。

不久之後，柯列派我擔任她的大使，把她的練習與撫慰的話語帶給耶路撒冷醫院中的病人、受傷的士兵及精神病患。她會在小紙條上，寫下某個心像練習、想法或可行的方向，供我參考與執

＊編按：將手置於某個人頭上，代表祝福、認同或授立聖職。

行。在她的祝福之下，我很快就開始教導一套以希伯來聖經故事為藍本的身體動作。為了回應學生的需求，我還針對不同的生理障礙與病痛，研發出適用的心像練習。

無論是坐在柯列的花園裡，或是走出去服務社會，我都在持續茁壯成長，並綻放光芒。我在自己的外在與內在，都找到了屬於我的伊甸園。

柯列曾對我說：「走在我前頭，你要比我更強大！」

誰能像她一樣無私又慷慨呢？

謹將此書，獻給我摯愛的柯列。她是我的母親，我是她的女兒，我們恆常在聖靈中緊密連結。她教導我去信任自己已經知道的，並傳授給我更多的東西，有些教導你們將會在本書中讀到。

柯列喜歡講述先祖的故事，對她遍布世界各地「多如沙粒與繁星」的學生來說，這些故事是意義深遠的寓言，也是靈感的來源。我相信，一個偉大的老師親自指導的每一位學生，在夢行時光中，他們將會同時傳授給數以千計的學子。

對我來說，這個故事最不可思議的部分是，柯列是我的夢想成真！

後來陸續浮現的諸多細節，更加深了我們彼此的連結。柯列的老家在阿爾及利亞的奧蘭市（Oran），她在那裡度過了一段童年時光，而這個房子就在我母親家對面，只有一街之隔！此外，柯列和我母親、阿姨們上的是同一所學校，彼此都認識。

至於，要如何解釋我看起來這麼像柯列家的人呢？我所能想到的答案是，柯列家族的遺傳基因，透過夢境轉移到我母親身上了。所有旅程都會以螺旋的方式回到它們的起點，而在途中的每個轉彎處都會增添一些東西。夢，往往比我們想像的，還要更神祕！

導讀

醒過來做夢吧！

任何時候你若希望先知以利亞出現眼前，
就將意念專注於他……有三種方式得以看見他：
在夢裡；在清醒時，並向他請安；
在清醒時、向他請安，而他也回以問候。
——約瑟夫・卡羅（Joseph Caro）

寫夢的書非常多，何必再多這一本呢？因為這本書談的並不是「夢」本身，而是「做夢」這件事。事實上，**我們無時無刻不在做夢**，只是我們可能並未察覺。正在閱讀這段文字的你，也在做夢，駐足等公車的你、在咖啡館與友人聊天的你、工作的你、下廚的你、正在說話的你，或甚至無所事事的你，都在做夢。

做夢源自我們的右腦，它連同大腦的其他部分，時時刻刻都在發出神經脈衝，從不停歇。這是一個人活著的自然結果，就如同呼吸一樣，日夜持續著。在各種做夢的類型中，夜夢只是其中一種，卻易為大眾所認知，因為在我們的潛意識中，認為睡著時所做的夢是可接受的。如果我們專注觀察自己的夢，就會察覺做夢這個行為**時時刻刻**都在進行，而不僅是在睡眠期間。

有一次，某位男士來找我，他正在寫一本關於「量子物理學與夢」的書，想問我一個問題。在此之前，他採訪了一位當代凱爾特（Celtic）祭司。這位祭司宣稱日間夢與夜間夢沒有區別，而且我們每時每刻都在做夢。他對這位神職人員滿懷敬意，但聽完後深感困惑，於是就想來問我這個夢行者與心理學家是怎麼想的。

當時我很驚訝，在他所採訪的對象中，竟然只有這位祭司告訴他，做夢是一種不間斷的腦部活動。我不禁在想（這不是我第一次這麼想），是否科學界尚未正視做夢這件事所隱含的祕密？因為一直以來，只出現一些片段零碎的資訊，始終成不了一套完整的系統。

語文心智 vs 圖像心智

我常告訴學生，在學習上，有兩條重要的路徑可以依循：其一是經由**語文心智**（verbal mind）的解脫之道，其二是經由**圖像心智**（imaginal mind）的解脫之道。這兩種途徑可以借用禪宗與藏傳佛教這兩大佛法來舉例說明。

禪宗教導弟子以超然物外的態度坐禪，觀照心念的流動。每隔一段時間，會給出一道相互矛盾的短謎題「公案」做為靜心的主題，以此來測試弟子的修行進展。因此，他們的教導是透過語文心智的鍛鍊，及公案強烈矛盾的力道，來破解一般人的慣性思維。

相反的，藏傳佛教注重的是修練者的圖像心智，認為我們生活在一個如深林般的意象世界之中，信眾必須全然投入、穿越，最終從深林的另一頭走出來。這兩大路徑的終極目標，都是為了超脫**語文**及**圖像**的一切形相，進而達到開悟。

你或許已經猜到，我們所強調的方式是圖像心智。這兩種修練方式都能達到無畏、超脫的境界，在現實生活中，每個人也都需要使用到這兩種方式。儘管如此，就基本的生理運作層面而言，不同的人經常會有不同偏好，不是偏向左腦（語文），就是偏向右腦（圖像）。

左右腦各自與特定的行為傾向有關。左腦負責語言與抽象思維，而右腦則主掌空間感與身體。因此，如何讓使用的語言與我們所擅長的思考模式一致，這才是重點。

關於這點，至今仍存在著許多令人困惑之處。身與心之間的問題已經製造出大量的語言垃圾，混淆了我們的判斷力。這種二分法中存在著兩個不同的世界，它們互有關聯，使用的卻是不同的語言。當我們講的是左腦時，語言一詞的定義非常清楚，但如果提及右腦的「語言」時，指的又是什麼呢？

圖像可以用話語表達嗎？

右腦不「思考」，它以「體驗」來運作，主責的領域是身體，其語言是由圖像所構成。我所謂的「圖像」，指的是右腦將我們的感官體驗轉譯為覺知的過程。

比方說，如果有人攻擊你，你可能會看見紅色。這不是譬喻的說法，而是你確實「看見紅色」，而且「看見」二字往往比字面意義要更複雜——你或許真的看見攻擊者是頭暴躁的怪獸。然而，這個畫面非常短暫，一閃即逝，轉眼間便從我們的意識中溜走，就像夜間的夢一樣，還來不及去「理解」就已被遺忘。

那麼，我們可以**用話語表達**圖像嗎？我們能否將一個本身就已經很完整的體驗，轉換成語言所需的片段語詞組合，卻又不破壞其本質？這是所有夢行者在嘗試表述他們的世界時，都會面臨的挑戰。我在撰寫本書時也遇到相同的狀況：我要如何用文字成功描述一個做夢過程的完整經驗？

許多置身在圖像世界的神祕主義者，完全無法用言語來描述他們與神交流的那種狂喜經驗。能與我們所尋找的較為貼近的，或許是詩人的表達吧。莎士比亞曾經試著對這個想像世界的運作方式，做了非常細緻的描述，並藉由《仲夏夜之夢》（*A Midsummer Night's Dream*）中那個冷靜理性的角色忒修斯（Theseus）之口說出來：

詩人的眼睛在纖細且狂放的流轉中，
便能從天堂看到人間，從人間看到天堂。
當未知之物在想像中成形，
詩人的筆會賦之以形狀，

並給予虛無之物
居所及名字。

詩人精準地把想像與語言這兩個世界連結起來，加以揮灑。對他們來說，夢的世界是最原始的，而語言文字則是夢的僕人。先有了想像之身靈活生動的運行，才衍生出語言文字，就如同大地造就了生命之泉。想像之身所使用的語言，未必依循某種理性而規律的順序，在詩的世界裡充滿了跳躍性，有精采的對比，也有令人拍案的聯想。

還有一些更接近圖像世界的古老語言，譬如希伯來文與梵文。不同於現代語言與實際體驗之間的隔閡，希伯來文與梵文一直都非常貼近它們試圖傳達的原始聲音與動作。它們的文字與符號（例如古埃及的象形文字）是可辨識的，因為是直接出自身體在日常生活中的重複體驗。

抓住潛意識那頭巨獸的尾巴

做夢是一個自我餵養的過程。想展開這趟旅程的人，都得緊抓巨獸「利維坦」（Leviathan）的尾巴。這是一隻源自希伯來傳說、隱身海底（此處海洋是指潛意識）的巨獸，而「牠行的路隨後發光」（《約伯記》41:32）。事實上，這頭巨獸是我們內在的龐大知識系統，潛藏於意識思維之外。

那麼，我們是否能學會運用這套知識系統呢？

嚴格來說，「無意識」是個不恰當的用詞，長久下來形成一種錯誤的思維方式。我們真的可以接受三分之二的自己，永遠沉沒於不可知的冰冷海底嗎？或者，我們可以像利維坦巨獸一樣，浮出海面，縱身一躍，將我們隱藏的部分展示出來呢？

如果我們堅持嚴謹地檢視潛意識，不難發現它其實已經明白揭示了自己的祕密。如果敢於向自己的潛意識提問，我們會得到答案。因此，為了尋得真相，讓我們先同意在本書以及所有的語彙中，不再使用「無意識」這三個字，並代之以「潛意識」。

探索潛意識，是我們一起踏上這趟旅程的第一步。問題是，既然我們所尋求的已經被隱藏起來，要從何探索呢？我們怎樣才能抓住這隻巨獸的尾巴？又要從哪裡開始呢？

兩個不同的實相

首先，我們要排除障礙，擺脫意識心智所編造的一個迷思：被定義為可量化、可驗證、可重複的這個現實世界，是唯一存在的實相。我們的意識心智非常執著，渴望為萬物本質提供一個無可辯駁的證據，反而受困於這股強大的驅力，於是將嬰兒連同洗澡水一起倒掉了。

意識心智斷絕了它與孿生手足「圖像心智」的聯繫，自認有能力「通曉」現實，並以此餵養自己。四個多世紀以來，它一直以能測量、驗證及證明自己所知的一切引以為傲。圍繞著這種緊抓著知識不放的能力，則日漸發展出一個巨大的文化自我。

這個理論化的自我認為，任何無法被檢驗的，都不是真的；任何無法被證明的，都不存在。眼前這個精確的、因果的、有界線的世界，是**唯一**可靠、確信且明智的真理，除非另有證明，否則其他的所有現象，都只是心智的幻覺而已。

這種思維方式很誘人，因為它大幅減少了我們所面臨的不確定性，讓我們相信自己可以控制身處的環境。這樣的思維為物質世界許多卓越的技術及重大發現提供基礎，我們無意否定它明顯的效用。但是，當我們捕捉蝴蝶並釘住牠做研究的同時，也殺害了牠。與其如此，我們不如提出一個符合常識的要求，亦即有權使用圖像世界的分類方式及優先順序，來描述及研究這個世界。

鏡子無故裂開，過世親人出現……

我們經常聽聞有人經歷不可思議的超自然體驗，對於這些不符合這個實證世界的事件，我們要如何看待？看來似乎沒有誰會對這類事情完全免疫，卻很少人會坦承自己有過親身經驗。不過令人驚訝的是，在受到鼓勵的情況下，很多人會願意侃侃而談他們看見鬼、過世親人、指導靈或天使的經歷。

他們會告訴你，鏡子如何無故裂開，或某樣東西突然不見、幾天後又出現；他們做過的夢應驗了；或是看到真實世界與另一個世界重疊的複合影像；或是一個頓悟怎樣改變了他們的人生。最近我與一位鄰居共進晚餐時，她告訴我，她曾多次看到一個長得像畫家林布蘭的人出現在她的床尾。「他是真的，我看到的他，就像我現在看到你一樣真實！他就站在那裡目不轉睛的看著我，彷彿想要告訴我什麼。我快嚇死了！」這些人都有妄想症嗎？還是他們把自己的幻想投射到現實世界了？又或者，他們察覺到確實存在那裡的現象？

奇特的感應、幻想、幻覺、怪異的聲音、氣味或味道、起雞皮疙瘩及其他身體的反應、做夢、白日夢、幻影、似曾相識的感覺、靈視力、心電感應、沒來由的直覺與確定、毫無因果關聯的事件等等，這清單讓人眼花撩亂，但我猜至少八成的人，一生中至少有過其中一種類似的經歷。我也有足夠的理由推測，就像那位看見貌似林布蘭者的女士一樣，大多數人遇上類似無法理解的現象，都會嚇得要死。

對於這些經驗，為何我們會採取迴避的態度，不讓自己的心智去進行真正的檢視？最普遍的原因不外乎懷疑、尷尬及恐懼。既然如此，我們就來打造一條可行的原則——**無法被證明的，未必不為真**，以此來緩解你左腦的懷疑與尷尬。

如此一來，就算我們缺乏簡單的邏輯工具或範例去加以證明，也能接受自己「所見」的事物。

至於恐懼，它的存在不就是為了教我們勇敢嗎？正面迎向難解之謎可以引領我們進入迷人的冒險，如果屈服於恐懼，我們就會錯過這一切。

麻州鄉間小路，轉彎遇到北極熊

所以，我們是否可以有以下的共識：客觀的左腦與主觀的右腦傳遞的訊息都是「真的」，只是呈現方式不同？有一次我開車到麻州，轉彎切入一條泥濘小路時，看見了一隻北極熊。那隻北極熊是真的！我看到了牠！牠就站在路中央盯著我看。但在客觀的現實裡，好吧，牠不在那裡，牠只是存在於我的內在視覺裡。我的左腦非常確定麻州沒有北極熊。那麼，我看到熊的畫面有什麼意義嗎？

對我的右腦來說，確實有意義。那隻龐大、沉默的熊帶給我強烈的感覺，讓我無法忽視，我因此改變了當時面對生活的方式。超自然現象就是有這種作用，它們真實的撼動我們，力道之大就像在現實生活中差點被卡車輾過一樣。

夜間的夢，也有相同的力量。比方說，你夢見有人闖進家裡，瞬間驚醒後，把身邊的伴侶搖醒，然後把家裡仔細檢查過一遍，確保沒有人闖入。這個夢是真的嗎？當然是真的，想到有人闖進你家，你真的**感覺**很害怕。但這是真實的情況嗎？並不是，你剛剛已經檢查過所有的門窗和房間。那麼，既然沒有人闖進你家裡，你的夢有什麼意義？

這個夢是否在警告你，有人**將**會闖入你家？或者，以隱喻的方式來說，你可能被侵犯了。所以，你應該檢視一下日常生活，看看是不是有什麼人或什麼事，讓你有受到侵犯的感覺？

夢中所看到的影像，可以代表很多不同的意思。正因如此，有些現代研究者乾脆把夢中影像稱為「心智垃圾」。但這樣的說法，就如同要你把所有郵件都丟掉，只因為其中**有些**郵件是沒用的。繼續讀這本書，你很快就會了解，把夢中影像歸類為垃圾，不是個明智的做法。

假設我把手放在心口上，告訴你：「我這裡痛。」你會無法判斷我的痛是情緒性的，或是胃灼熱，唯有當時的情境能夠告訴你。如果你對當時的情境一無所知，還可以直接問我疼痛的細節來判斷。夢境畫面也是如此。如果我夢見自己把手放在心口，第二天早上醒來時感到胃灼熱，我就知道我的疼痛是身體上的，那麼夢中畫面的意義就很清楚了。

在這個層次上，要為夢賦予意義，端視夢中影像與「真實」世界的連結有多緊密。只要我能夠藉由賦予它們意義，來輕鬆驗證現實與夢境之間的關聯，我那清醒的語言自我就會感到輕鬆自在、一切都在掌握中，並清楚地把現實與夢中世界區分開來。

但是，如果我像那些不幸的精神患者一樣，無法分辨夢境與現實呢？

畫一條界線，睡夢世界就不會滲入清醒世界？

還記得那個科學家在採訪凱爾特祭司後，所提出的問題嗎？睡覺時做的夢與有意識的夢，兩者之間有什麼分別？其中一個答案是：夜夢比較能為人所接受。沒有人會覺得入睡後做夢是瘋狂的事。有些人很愛做夢，也不會有人指責他們不正常。

然而，夢出現的時間（不管是白天或晚上），並不能定義做夢是什麼或不是什麼，只是我們為了方便，假裝可以這樣定義而已。一旦我們認定，做夢只發生在晚上入睡後，我們就可以在外在世界和夢的世界之間，畫出一條清楚的界線。如果睡夢中的世界不會滲入清醒世界，會讓人覺得更有安全感，我們就能繼續抓緊自以為穩定的那個外在世界。我們堅信自己有能力區分這兩個世界，並牢牢抓住這樣的能力，因為我們確信自身的安全，取決於我們能否如實地看見實相。

當然，我們有許多問題源自以下這個事實：只有非常少數的人（如果有的話）能夠「如實地看見實相」。理由很簡單，因為這兩個世界之間的那道界線，遠非我們所認為的那麼清楚明確。

我們創造出來的這條分隔線雖是人為，卻非常有效。當我們說「這是幻想，那是現實」時，感覺起來就像一個被包裹住以抵禦巨大虛空的小孩子。我們的身體因此受到了保護，讓我們得以假裝能以同樣的自信，去凝視身外的那個寬廣世界，以及內在的遼闊世界。

有一道任意門，通往現實世界和夢中世界……

要知道，**真正銜接這兩個世界的，是我們的身體**，這是你開始的地方。**請信任你的身體**。最初在子宮之內時，在這個封閉的空間裡，你的身體就在做夢。出生時，你的身體被往外推擠，然後眼睛見到了光，皮膚接觸到物體，耳朵聽見生活中鮮明的聲音。當初你在子宮裡，這些外界的刺激都在如海洋般的羊水緩衝中被隱約隔絕了。

換句話說，你的感官是進入現實世界和夢中世界的**雙向**路徑。它們就像門一樣，可以隨意進出。有一次，我和一位剛認識的朋友共進晚餐，他是著名的科學家。談話中，我向他提起「感官是旋轉門」的概念，他突然站了起來，說他不想和一個相信這種無稽之談的人做朋友。但是，既然他有身體，那麼他所謂的無稽之談也在他之內。

如果你身體有哪裡感到疼痛，將你的眼睛轉向內去看那個疼痛，你會有辦法加以描述，例如是脹熱的、濕的、冷的、發炎的、紅腫的，或隱隱作痛等等。如果持續看著它，你可能真的會「看見」畫面或聽見聲音，它們將告訴你與這個疼痛有關的訊息。**經驗總是透過感官語言來跟我們說話**。

右腦的內在世界是三度空間的。在這裡，就跟外面的世界一樣，也是所有感官一起運作：我們可以看見、聽見、嗅聞、品嘗，或甚至觸摸。你是否曾在睡夢中因激情的性接觸而引起實際的高潮反應？那種歡愉是如此鮮活，以至於你的身體對夢中的刺激產生了相應的反應。

睡夢中夢到了某項身體活動，例如跑馬拉松，和實際去跑馬拉松是不一樣的。在現實世界裡，你受到物質肉身的限制，並且會因為這些限制的效應受苦，像是筋疲力竭、口渴、熱、疼痛等等，但在夢中，你可以跑得毫不費力。

但是，第二天早上你如果檢視雙腿，可能會覺得腿部肌肉痠痛，彷彿剛完成一場重訓。你夢見的影像，誘發了雙腿肌肉的細微動作。順帶一提，這是所有運動觀想訓練的基礎。夢中影像與你的身體對話，刺激了肌肉反應。

夢會影響物質世界。夢中所見或許是「幻想」，但它們的作用卻是真實的。想像會影響身體，反之亦然，這兩個世界透過身體互相作用。就像胼胝體（大腦的神經纖維束）連接你的左右腦，你的身體也將你內在的夢中世界與外在的物質世界連結起來。

你的身體是邊界線，也是連接器。牢牢扎根在你的身體裡，養成習慣時時關注感官傳遞給你的訊息，如此就可讓你與這兩個世界保持聯繫，同時也保護你免於在這兩個世界中迷失自己。

你收到的信號，來自客觀雷達，還是自己的投射？

透過注意你的感官覺知，你會抓到巨獸的尾巴。安住於當下，並善於傾聽身體感官正在告訴你的訊息，這是訓練自己成為夢行者的第一步。

想像一下這樣的場景：你遇到了某人，此時你「看見」房間變暗了。你的下一步就是立即留意自己的身體：太陽神經叢是否變得緊繃？呼吸呢？是否變淺了？「房間變暗」傳達了一種主觀印象，你可以稱之為直覺。

在這個例子中，你的「直覺」是個信號，意味著你清醒夢境中的那個自己，已經決定要插手正在發生的事。除了你接收到的感官訊息，你知道房間實際上並沒有變暗，但你「看見」的畫面，還是想告訴你外面那個真實世界的某件事。它在告訴你，你對剛遇見的那個人有什麼反應，而你現在的任務，就是試著找出為什麼自己會有這種反應。

在事件發生的當下，就開始你的探索，看看你的身體在當時，是否處於完全清晰的狀態。我的意思是，你的身體在接收對方發出來的信號時，是一個**客觀的**雷達嗎？或者，你其實是將個人記憶庫中的某個感覺投射到對方身上？

舉例來說，如果這個人碰巧跟某個你不喜歡的人很像，那麼「房間變暗」的背後，有可能是某段讓你不愉快的記憶。認知到有這種可能性，你必須問自己：我的反應是否荒謬無理？我對這個人的臆測是真實的嗎？

在這個關鍵點上，大多數人會直接放棄，因為他們覺得自己無法分辨投射與做夢之間的分別。對他們來說，直接把圖像世界當成不實的幻想，拒絕它想提供的訊息會更簡單。如果他們能夠接受夢境心智想傳達的訊息，將會迎來一個豐富的世界，但他們卻任由自己的因果心智掌控一切，再次放棄了這樣的機會。

一如聖杯傳說中，騎士帕西法爾（Perceval）在漁夫王（Fisher King）的城堡看到了聖杯的意象，卻忽略了要詢問其中的涵義以及如何運用，最終導致他失去了對靈性與神的信仰。這些放棄的人在面對夢境時，因為沒有提出問題而錯失了無價的寶藏。

最終，你的夢會全然成為光

除了放棄，有沒有一種可靠的方法，能幫助我們清楚了解夢境背後的意義？有什麼可以協助夢行者區分不實的投射，讓他成為一個**真正**的夢行者？成為真正的夢行者，是本書所有教導的主要目標，因為這些教導可以帶領你以一種全新的方式，去活出你的夢。

我將這些教導分成十二項連續的任務。完成最後一項任務時，你應該會感覺到自己很容易就能識別出，什麼是真正的內在視覺，什麼只是投射或幻想。

要成為夢行者、預言家或甚至先知，你必須如同古代聖哲般，踏上通往圖像心智中心的旅程。你將從第一章「覺察自己的奇異吸引子」開始這趟旅程，學習去觀察自己是如何偏向某些特定模式而忽略其他的，以至於限制了「你的實相」。儘管你可能認為「你的實相」是唯一存在的現實，但事實上你只是**夢出了**屬於你自己的獨特印記。你會怎麼選擇呢？繼續受困於舊框架中，還是選擇拓展視野、轉換觀點，來包容更多可能的實相？

在第二章「一起來玩『暫停』遊戲」中，你將會了解到，受挫的本能、欲望、期待及要求，是如何遮蔽了你原本可能擁有並可取用的內在視覺，進而限縮了你對自身實相的視野。

這個過程是如何運作的？我們主要是在本能與情緒領域裡運作。情緒是本能受挫後所產生的**反應**（reaction）。**回應**（response）則與之不同。回應允許你對這個世界敞開，而不是盲目做出反應。為了達到回應的境界，你必須開始去釐清，在「反應」背後驅動的「本能」是什麼。這個過程能讓你開始設定我所謂的「人生規畫」——這是一張能夠顯示你「目前的行為方式」與「未來想要如何行動」的藍圖。

透過「暫停」遊戲，你將啟動這個過程。以遊戲模仿人生，這個遊戲會教你如何在不適宜的欲望即將升起時，刻意喊停。這麼做不是為了懲罰自己，而是要將你的能量重新引導至更有利於成長與幸福的方向。

在第三章「喚醒內在魔法師梅林」中，你會發現情緒與受阻的欲望是如何在夢中呈現的。絕大多數的人已經失去了記住夢境的能力，因為夢中那些含混不清的訊息讓人不願去多想。你把你的噩夢、反覆出現的夢及忙碌夢境，都淹沒在白天馬不停蹄的活動中。

為了擦亮模糊不清的情緒鏡子，好讓「真正的夢」出現，首先你要訓練自己記住夢境。這點很重要，不管這些夢有多令你反感。要如何克服隱藏的抗拒，並訓練自己記住？而記住夢境之後，又該如何處理？這些都是第三章的任務。

在第四章「回應夢的必要性」中，你要學習的是面對夢境的挑戰，而不是忽視夢境畫面對你的影響。這需要你調整心態。想成為夢行者，認真看待你的夢是第一步。一旦成為堅定的夢行者，你就能善用想像力做為實現「人生規畫」的強大工具。在小時候，你會玩遊戲、發明東西，進而訓練自己去面對外在世界的挑戰。在這一章中，你將運用同樣的創造原則，並體驗與你的夢境進行有趣互動的樂趣。

到目前為止，你已經學習了如何應對清醒狀態下的夢境。第五章「英雄的夢中劍」，則是教導你如何更靠近夢的世界。夢是你白天世界的鏡像或倒轉。在你即將入睡的那一刻，透過有意識的採用逆轉技巧或夢行觀點，你將學會去發掘許多關於自己的未知面向，這些面向只有在夢中世界才會顯現給你看。

「逆轉回溯」是一種夢行策略，協助你從慣性模式轉移到另一種新的視角，並鼓勵你去觀察夢中世界如何回應白天所發生的事件。你會發現，夢中影像並非如一般所描述的那般無味，而是強大的、有時讓人震驚的、影響深遠的真相，足以將你震出自以為是的狀態，進入一個更理想的境界。

在第六章「回歸感官」，你會認知到，要克服本能模式以及哄騙自己擺脫身體的限制，有多麼困難。例如，你要如何在睡眠中保持清醒且有意識？令人驚訝的是，只有在疼痛的刺激下，你才會經由身體感官這個門戶潛回進入，也就是說，當你有**意識**且精準地利用你的身體時，你就能在**潛意識**的夢行世界變得清醒、有覺察力。

但是，既然你已經能直接且立即地跳進夢的**源頭**，並取得「夢行心智」的觀點，為什麼還要局限於夜間的夢？你時時刻刻都在「做夢」，因為每一個當下你都在體驗人生。想要不斷進入夢行的狀態，你必須訓練自己有意識地、一次又一次地跳進夢的**源頭**。

在第七章「練習人生的加速題」中，你將開始進行一些練習（這些簡短的引導式練習是依據視覺心像的特定法則所建構的，後面會提到）。這些練習會觸動你這個夢行者，於內在產生各種張力、衝擊或興奮等必要的體驗，好讓你直接掉進鮮活的夢的源頭。

如果你做這些練習與回憶夢境，只是為了滿足一時的好奇心，那麼你的練習很快就會失去動力。在第八章「當卡瓦納之火點燃……」中，你將了解到，你的夢行必須是積極主動的，才能點燃你的意志，將你的夢境顯化出來。「卡瓦納」（kavanah，你的意志或「意圖」）與你的夢是手足，少了「卡瓦納」，你的夢行終將停滯成一潭死水。

夢需要受到驅動，才能在現實世界顯化出來，而「卡瓦納」就是驅動之火。推動夢行，靠的不是純粹的意志力，也不是噩夢、重複的夢或忙碌夢境，甚至不是清晰夢境，而是從感覺這個源頭所產生的「偉大夢境」（great dream，發生於夜晚），或所謂的「預示心像」（prophetic vision，發生在白天）。

即便你已經受到「偉大夢境」或「預示心像」驅動著前進，不得不一步步完成你的「人生規畫」，但有時風力也可能變弱，而讓你的船帆失去動力。此時，你發現自己無所適從、沮喪、焦慮，或陷入猶豫不決的泥淖中。要解開這個困境，你可以在第九章「荒原。戈爾迪之結。豐饒角」中，學著允許自己沉潛到困惑之下，進入可以自由移動的夢境世界。在這裡，即便浮現的不是答案本身，你的「卡瓦納」也會重新浮現在自由開展的心像中。這個過程稱為「清醒夢」（Waking Dream）。就像其他人一樣，你可能會一次次地發現自己困在舊模式、舊情緒或陳年舊事中，除非你能打破負面情緒環環相扣的鎖鏈，否則你會一直受到過去的影像所掌控。

但有些時候，即使是偉大夢境、預示心像或清醒夢的體驗，也無法幫你擺脫過去。所幸在第十章「當淚水開始流動，河流才會回歸海洋」中，你將接觸到的練習，可以協助你改變自己與過去情緒的連結。這些夢行技巧稱之為「逆轉過去」。

在第十一章「大師遊戲：完善人生規畫」中，你已經準備好要玩這個大師遊戲，好讓你的人生規畫更趨完美。為了最終能將你的噩夢與忙碌夢境，確實轉變成偉大夢境，你必須讓自己錨定在**感覺**之中，而非**情緒**裡。為了避免重返舊習，你必須持之以恆的練習，隨時保持警覺與抗衡，以防不慎又跌入深淵。

從**反應**轉移到**感覺**，是一個循序漸進的過程，因為身體是習慣的產物。在這一章，你將學會以三個音符的唱誦，來創造「夢境卡瓦納」（dreaming kavanah）。這個古老的練習，被稱為「翻轉詞彙」（Words）。

第十二章「回歸合一」，教你如何將本書的練習加以整合，落實到日常生活中。此外，你也將學會利用自身的失衡，推動自己進入**感覺**的領域。事實上，平衡只是暫時的，每一次當你達到平衡時，就會知道自己已經超越了本性，達到法國人所說的「超本性」狀態。如果你練習的次數夠多，就能錨定安住在自己的心中。

做到了這些，你的夢境會變得更清晰、更輕盈、更明亮，最終，你的夢會完全成為光。光，是你修練有成的獎賞，還包括平靜、和諧、愛與喜悅。至此，無論你做什麼，都會變得輕鬆不費力，因為你的兩個心智——意識心智與夢境心智——悠然共舞，編織出一個超乎你所能想像的豐盛富足人生。

真正的夢行需要嚴格的訓練、持之以恆的決心，以及全心投入。一開始，你的夢會充斥著不實的投射，因為你的需求、期待、要求、希望與恐懼主導了一切。所以，這趟追尋之旅的重要目標，就是使用本書所有的教導來清理你的夢、打磨你的想像力，直到「真正的想像力」開始發光、閃耀登場。

許多騎士與淑女遠離了他們舒適的家園，投身進入由他們的錯覺、幻想與不實投射組成的奇想天地中。一如奧德賽（Odysseus）的部屬在返家途中*，被女巫賽絲（Circe）引誘而變成豬，今天的追尋者必須藉由分辨這些幻象什麼時候只是他們自身的某些面向（通常以多元的方式呈現，例如迷人的少女、風車、危險的野獸，或令人眩惑的森林），來解除面臨的危險。

當我們能夠在身體上經由感官覺知，分辨出表面反應與真正的直覺感受時，就戰勝了幻覺與投射。這樣一來，就可確保將想像力落實到身體的行動上，並在這個過程中清理我們內在的鏡面，讓它映射出正等待綻放的智慧之光。於是，我們便把夢行的強大力量握在了自己手中。

＊編按：詩人荷馬所作的《奧德賽》（*Odysseus*）是古希臘最重要的兩部史詩之一，著名的角色包括書中的英雄人物奧德賽、法力能馴服豺狼虎豹的女巫賽絲，以及歌聲能惑魅人心的海妖賽蓮。

第1章
覺察自己的奇異吸引子
重複的行為模式與感知力

誰曾用手心量諸水，用手虎口量蒼天，
用升斗盛大地的塵土，用秤稱山嶺，
用天平平岡陵呢？
——《以賽亞書》40:12

我們活在一個靠模式（pattern）與形相（form）來辨識的世界，一旦模式與形相消失，這個世界對我們來說就不存在了。我們在模式與形相中找到快樂，也招來痛苦，對它們感到又愛又恨。雖然失去邊界感（左腦）會讓我們感到赤裸裸及脆弱，但我們同時又渴望掙脫它們的禁錮（右腦）。

我們不都曾為此糾結而想打破這些形式嗎？即便只為了那片刻的自由？為了能重返生命開始前的那種空無狀態？這是一個近乎不可能的任務，因為左腦對我們的控制非常強大。

然而，在生命的每一天，我們都在見證這樣的時刻：當太陽消逝後，所有形體都回到它們的黑暗來處。黃昏是我們見證所有形相逐漸消失的神聖時刻，而後黎明再現，在這樣的奇妙時刻，所有形體又奇蹟般地重現。

體驗這些珍貴時刻的方式，會影響我們的身體與情緒，同時它也可能揭示了一個祕密——我們如何在左右腦之間、在穩定（左腦）及自由（右腦）之間來回切換，而穩定與自由這兩大因素，對我們的心智和人格的成長至關重要。

如果將睡眠排除在外，我們在有意識下最能體驗到的「無模式、無形相」狀態，就是去注視混沌：那是一種狂野、無序卻生氣盎然的繁茂，或純然是無止境、無變化的單調狀態。這就像從飛機上俯瞰亞馬遜雨林的富饒，或是仿若汪洋大海的龐大人群，或是烈日下黃沙滾滾的荒漠，也像空白牆面上沒有時間刻痕的牢房。

如果你曾為過度豐盛感到不安，或失去了識別某些熟悉形式的能力，就會明白我們的身體是如何迷失自我的。究竟是怎樣的一種恐懼——對「空無」的敬畏，竟然讓我們把所有的界線都消融了。我們需要形式來形塑自己，但我們有時也需要擺脫形式，好讓我們在重返這個制式化的世界時，有更廣泛的選擇。

曾經有一次，當我看著兒子歡呼尖叫著跑進一群海鷗中時，整個世界都消失了——無形無相、沒有光，也沒有我！那是一次全然的體驗。當我再次能看清時，我看到兒子站在碼頭上，一群海鷗在他頭上盤旋。我感覺到完整、圓滿。

多年來，我一直試著在眨眼間把這個世界拋諸腦後，因此，即便只能在那一瞬間關閉模式，也會為我帶來不可思議的解脫與寬慰。這件事使我更加確信，「尋找模式」是維繫生命的重要力量。反之，若想打破模式與形相，最簡單的祕訣是在生活中留白，為自己保留「空無」的空間。就像我們需要形式一樣，我們也需要暫時擺脫形式，而這只有在無知覺的深度睡眠中，或右腦提供的虛無空間裡才能做到。

奇異吸引子

我們是如此渴望在這個世界尋找意義，以致當我們面對繁複無序的大自然時，總會本能地想從豐富的色彩、遍地的樹葉、溪流的漩渦或空中飄過的雲朵裡，尋找模式。我們在萍水相逢的陌生人身上尋找朋友的影子，在落日餘暉散射的房間裡，發現來自過去、不尋常的回聲。

儘管偶發事件會不可控制地把我們推往不曾選擇的方向，但我們還是會設法在變動中，找到一種微妙的秩序。一旦安頓好秩序，我們的生活便再度恢復了意義。**我們可以承受一些失序亂象，但模式是我們生活穩定的基石**。沒有了模式，生活便失去了意義——我們會生病、會發瘋，甚至會死。

要如何解釋我們的偏好？除了非理性的選擇之外，我們對個人模式的追求似乎也與整體模式有關。在未經我們同意的情況下，大腦似乎自動傾向於某些特定模式，而忽略其他模式。

在混沌理論中，這種表現出「厚此薄彼」偏好的傾向，被稱為「奇異吸引子」（strange attractors）。這些奇異吸引子從何而來，又是如何影響人們迥然相異的品味與生活模式？閃亮的金色與綠色總能吸引我的注意，神祕的文本和聰明的男人也對我特別有吸引力；而我朋友熱中股票市場，只穿黑色衣服，喜歡肌肉男。

雖然如此，撇開這些品味上的差異不談，我和我朋友都能在彼此身上，發現一些同樣吸引我們的東西。這種情感上的共鳴，或許才是最強烈也最重要的奇異吸引子。有時候，這種模式小到不易察覺，但有時候卻又大到足以淹沒我們大部分的意識，最終主導了每個人的生活。這種對「自相似性」（self-similarity）的喜好，會透過其他人的偏見顯現出來嗎？

追尋「上帝面容」的過程

我們可以說，我們的心智會張揚外顯。它在外面這個被創造出來的世界模式中辨識出自己，並把那些最能反映它存在的模式，往內映射在它自己身上。這種對「自相似性」的追求，會逐漸把認知與理解都納入到一個不斷擴大的網絡裡。

好奇的心智觀察著世界與它自己，甚至進一步透過觀察自己的世界來尋找自身的定位。對於追尋有意義的模式，心智永遠不滿足，卡巴拉稱這些有意義的模式為上帝的「面容」（partzufim）。然而，矛盾的是，當人類終於超越物質世界而找到終極的「另一個世界」，直接面對不可知、奧祕與上帝時，會發現彼此是一樣的，此時彼此會融合為一，而模式與其二元性也隨之消失了。這也是為什麼當我們閱讀《聖經》中的創世故事，會發現神出於情感上的偏愛（即尋找祂自己）、按著

「自己的形象」造人之後，在第七天會先有個停頓（所有形式融合為一），才有新的開始。

唯有在暫停的空白空間裡，新的創造才會出現，而隨後出現的飛躍則是揭露新的「奇異吸引子」所不可或缺的。

實相，是你夢出來的

當你在**感知**自己的世界時，你也**創造**了你的世界。一旦理解了這點，代表你已經準備好要去了解，吸引你的東西是如何定義你所看到的世界與你自己。你讓這個世界去適應你「奇異吸引子」的參數。因為你偏愛及忽略某些配置，你的世界觀在本質上是受限的，而你對自身可能性的信念也是受限的。

模式，在定義上來說，是具有界線和形狀的。我們可以說，你的實相是自己夢出來的，但你的夢又被你所選擇專注的對象包圍著。唯有當你的眼界超越困住你的夢，你才能想像一個新實相。

最終，你的夢可能會擴大到涵蓋整個世界，甚至超越這個世界，觸及到「空無」的境界。但此時的你，也可能迷失自己！這是成為一個真正的夢行者必須面對的矛盾——既要體驗超越模式的輕盈與自由，又得安住在物質肉身之中。不過，先別急，想要到達這般兩難境界，你還有好長一段路要走。這將會是你最後的任務，也是本書最後一章的內容。

眼前你的首要任務，是先學會辨識你的「奇異吸引子」，光是掌握這點已不容易。讓我們從一個問題開始：你通常會自然而然地受到什麼東西吸引？簡單的說就是：你有哪些興趣？就從這裡開始吧。

練習。辨識出你的「奇異吸引子」

把你感興趣的所有事物一一寫在紙上（慢慢想，給自己至少三天的時間來完成），然後看看這份清單。在扶手椅上坐下來，雙手雙腳自然擺放，不要交叉。閉上眼睛，慢慢的呼氣三次，在腦海中看見數字從3倒數到1。然後問自己：有哪些事物明顯被遺漏了？有哪些事物是我不允許自己受到其吸引的？不要刻意去想，而是讓模式與畫面自然浮現在腦海中。為這些畫面一一命名。接著呼氣，睜開眼睛，把這些畫面的名稱寫在紙上的另一欄。

記住，只有吸引你的事物才會成為你的實相，其餘的，對你而言都無足輕重。這是否意味著，你是被自己大腦中的奇異吸引子所定義的？你的基因組成是否該為你的選擇負責？你能否改變或調整部分的奇異吸引子，從而自行決定如何來定義你的實相？以上這些問題的答案，都是肯定的「是」或「可以」。

你只需要覺察到自己的奇異吸引子，便能開始擴大你的夢境之旅，進而擴大你的各種可能性。

問問自己，你錯過了什麼。這樣的問題可以幫助你打開新實相的可能性。

《聖經》的創世神話告訴我們，我們是神顯化出來的實相。既然我們是神的夢想，我們就是神，因此我們也參與了世界的創造，是共同創造者。然而，我們卻經常受困在尚未拆解的夢中，陷入了遮掩更大實相的那些實相中。

我們擁有改變實相的自由，可以反映越來越多的、被稱之為神的整體實相（我用「神」這個字來代表《聖經》神話中使用的詞彙，你也可以選用最適合個人信仰和哲學信念的用語來代替）。

想要拓展視野，我們親身的參與至關重要。要從哪裡開始呢？首先，讓我們先了解，是什麼樣的機制，讓我們深陷在動彈不得的停滯狀態中。

感知塑造了我們的形相

英文 informed 的結構告訴了我們事情的真相：我們是被「賦予形相」的（in-formed）。感官覺知形塑了我們。味蕾、耳膜、鼻腔纖毛（賦予我們嗅覺）、視桿細胞與視錐細胞（賦予我們視覺）、皮下的感覺受體與觸毛（賦予我們觸覺）各顯神通，透過神經傳導路徑將訊息傳送到大腦。這些局部訊息，分別來自氣體分子觸動鼻腔纖毛、空氣傳遞的振波模式觸動耳膜，以及光的振動衝擊我們的視網膜。

無論是否能夠感知得到，我們總是被各式各樣的形相所「告知」。以風為例，它透過各種方式來告訴我們它的存在：風吹動的方向及風聲的振幅；風吹動樹葉、帽子或旗子；以及或輕或重、或濕潤或乾燥、或冷或熱等風觸及我們身體時所產生的各種感受。然而，風是肉眼看不見的，我們天生就內建了能夠接收及識別模式的線路。

有些模式提供的是顏色，有些是氣味，有些則是聲音、質地、溫度或形狀。每個感覺接受器專門只接收某種刺激，對其他形式的刺激沒有反應。

我們可以說感覺是有區別的。比方說，皮膚上有不同的感覺接受器，分別接收輕壓、深度刺激、溫暖、寒冷或疼痛，我們把這些接受器，都歸類為通稱「觸覺」的感覺。

再以味覺為例，其實味覺並不只局限在舌頭上的味蕾。如果失去嗅覺，味覺也會隨之消失。沒有了嗅覺、觸覺、口感與溫度，吃東西就形同嚼蠟。換句話說，我們所說的「味覺」，其實並非單一的感官體驗，而是在我們體驗味覺的過程中，所有感官刺激被活化並協同作用，最後經過統整後呈現出來的一種體驗。這個經過整合的體驗，就是我們所說的**感知**。

如果把不同的**感覺**想像成電視螢幕上的色點，那麼**感知**就是你最終接收的那個整體、明確的電視畫面。換句話說，在感知某個模式的過程中，你將它拆解又重新建構了。

那些粗製濫造的小盒子，看起來都一模一樣……

讓我們暫時將感知定義為大腦重新建構外在世界的方式。但感知準確可靠嗎？你看過日本導演黑澤明執導的《羅生門》嗎？這部電影透過四個證人的眼睛來講述一樁強暴與謀殺事件。

就像你可能猜到的那樣，每個證人所描述的版本都不一樣。那麼，真相為何？從感知者的角度而言，他或她所「看到」的，就是真相。但是，試著從這個角度來思考：**你的感知受限於你當時的實際位置**。你看到有輛車子闖了紅燈，但站在對街的另一個目擊者卻認為司機通過時是黃燈。誰說的是真相？當然，除非有人說謊，否則兩人說的可能都是事實。不過，到底什麼是「真相」？

出現這類不一致的情況時，是我們的感知出錯了嗎？還是我們錯誤解讀了內在螢幕上的整體感知畫面？我們知道，在將接收到的感官刺激傳譯到大腦的過程中，會有一個非常短暫的時間（最多一百到兩百毫秒），可能出現任何會中斷感知傳譯的干擾。

舉個例子，你曾經被車撞到，於是這個事件現在影響了你的感知——你特別無法容忍搶黃燈的駕駛。基於你過去的親身經歷，你認定所有駕駛對行人都是危險的，因此，你很可能真的「看到」（當然是出於善意）那個駕駛闖了紅燈。

所謂感知，或者更準確的說，將投射到你內在螢幕的感知傳譯給你自己的那個動作，遠比我們所意識到更具流動性，因此在傳譯和調整的過程中也更容易出錯；同時，它也比我們所想的還要缺乏彈性。還記得民謠之父皮特・西格（Pete Seeger）那首〈小盒子〉的歌詞嗎？「那些粗製濫造的小盒子，看起來都一模一樣。」正因為你對駕駛的刻板印象，於是你擷取了某些細節而忽略其他細節，以便將眼前這個駕駛放到你所謂「危險駕駛」的「小盒子」裡。

我是銀白而精確的。我不存偏見……

另一方面，純粹的感知就像一面鏡子，也是映照一切的空白空間。在卡巴拉的文獻中，第一個人類亞當在墮落之前，身體如宇宙一樣大，而且完全透明。當神看著祂的創造物時，看到的不是形體，而是映照出祂自己的清澈水池。對神來說，這面鏡子沒有變形失真。

我是銀白而精確的。我不存偏見。
無論所見為何，我都隨即嚥下。
如實地，不受愛憎所蒙蔽。
我不是殘忍，我只是忠實——
小神的眼睛，有四個邊角。

——雪維亞・普拉絲（Sylvia Plath）〈鏡子〉

但對人類而言，則是另一個不同版本的故事。亞當與夏娃從原本無瑕的狀態墮落時，他們的鏡子，那具迄今一直保持著純淨透明的身體，反讓他們覺得厭惡，因為此時，他們已經能夠分辨善與惡這兩種完全對立的模式了。他們意識到事物的新形態，一種造成他們快樂與痛苦的二元性，他們因為赤身露體而感到羞恥，從而試圖躲避神。神憐憫他們，賜予他們以動物本性、罪疚、恐懼與欲望為線織成的皮膚，來遮掩那些他們的純粹感知已難負荷的真相。

現在，我是一汪湖。女人俯身就我，
在我的水面上尋找她真正是誰。
然後，她轉向說謊的傢伙——蠟燭或月亮。
我回望她，如實地映照她。
她淚眼婆娑，激烈揮舞著雙手來回報我。
我之於她，是重要的。她來了，又走了。
每個清晨，是她的面容取代黑暗。
在我這裡，她溺斃了一名少女，而一位老婦從我之內
浮起，日復一日朝她接近，像一條可怕的魚。

——〈鏡子〉

我們在鏡子裡看見的，未必是我們想看見的。我們可能會受到蠱惑而去造假它給的訊息，以符合自己的需求或欲望。但這與鏡子無關，我們才是「肇事者」，我們害怕真相，於是修補或篡改訊息（亦即大腦把純粹的感知轉化為意義的那個部分）。鏡子始終如一，忠實地映照出外在或內在，即便少有人意識到內在這個部分。

在我們之內，指的是什麼？這對想像／心像的世界而言，是一個本質性的問題。假如內在世界從未具體存在，我們要如何感知？一個未具體化的東西，如何投射到我們的感知鏡面上？讓我們假設，我們的想像力在與已知事物的對話中是深不可測的，想像有一種語言從神祕深淵中升起，在感知鏡面上回應外在這個顯化的世界。

開啟對話前，我們可以先把內在鏡面具象化。把它想成是一個四方形，一如普拉絲在詩中所述；我們也可以把這面鏡子想像成球體，就像人的眼睛。它將來自兩個世界（內在與外在）的訊息，在其球體表面上如實反映。或者，你也可以把鏡子想像成正反兩面都有圖像的硬幣。無論哪種形式，這面鏡子都會不帶任何偏見地接收與反映。

想要觸及內在鏡子更清澈的深處，有兩種方式：一是我們必須讓扭曲失真的自我在震撼中徹底離開，讓自己具備即時洞察真相的能力（本書第七章將會進一步闡述），或是我們得有計畫地清除阻撓我們前進的每一個干擾。

來自遺傳基因的感知干擾

外在世界的感知干擾，可以分為兩大類：遺傳基因，以及環境。對純粹感知最強大、最持久的干擾，是我們的基因組成。我們的基因背景在一定程度上決定了我們的「奇異吸引子」。這個機制是如何運作的？想像一下，如果你天生色盲，這種異常必然會影響你的生活。在農場上採草莓肯定不是你的強項，因為你無法快速分辨綠葉與紅色果實。你大概也不會考慮從事時尚或室內設計工作。

我們的形體（包括身體結構及生理機能）、體質（強壯的肺、脆弱的脊椎、神經狀況等等），某種程度將我們置於注定好的人生道路上。我們可以說，這個身體是祖先與我們一起創造出來的載體，可以輕鬆地執行某些特定功能。這個載體極度精密繁複、功能多元，並能順應變化。然而，身體還是有它的局限。

舉法拉利跑車為例。法拉利是專為飆速設計的超級跑車，不適合用來載送「一家五口，外加一隻狗」。相反的，切諾基吉普車適合這一家五口的需求，卻必須放棄法拉利快速的機動性。因此，這五口之家與一隻狗就成了被切諾基吉普車吸引來的奇異吸引子。他們就是它的實相。

我們能對自己的基因組成做些什麼呢？它是否像切諾基吉普車的例子一樣，決定了我們會走向某個實相？這個問題的答案是有條件的「是」。一個人的命運，是去充分體現遺傳基因賦予他的潛力。生而為人，就是為了完成這個目標。但也別忘了，人類會回應外在的環境，他們有選擇的能力，並在許多不同層次上發揮作用。

對多數人而言，其中有些層次會一直保持休眠狀態，有些層次的功能會因為外在環境的驅使而被迫啟動，還有一些則是我們可以自由選擇是否要開發。比方說，你擁有音樂天賦，但從未好好開發這份潛能，最後反而成了數學家。

事實上，基因結構比我們想像的還要有彈性，這個事實要傳遞的重點是，我們不需要自我設限。新的奇異吸引子就像許多睡美人，正等待著被我們吻醒。親自去發掘休眠中的遺傳天賦，是一段充滿樂趣與自由的旅程。

來自環境的感知干擾

環境的限制對我們造成的束縛，比遺傳與天性還要棘手。這些限制透過外界反覆編寫的程式制約了我們，讓我們對生命的看法變得狹隘。這樣的制約，在生命初始便已存在。

想像有兩對母子，第一個嬰兒只要一哭，他的媽媽馬上把他抱起來，檢查看看孩子需要什麼，再竭盡所能地快速滿足孩子的需求。再看另一個嬰兒，當她大哭時，她的媽媽會讓她哭到筋疲力竭後自行停下來，或是哭到自己睡著。

在那麼小的嬰兒期，這兩個孩子被教導去面對的，就是兩個截然不同的世界。生命舞台已經為他們準備好了。第一個孩子會對親密與信任的關係產生共鳴，另一個孩子則對孤單和背叛產生共鳴。兩個孩子都相信自己的世界才是真正的現實，除非他們的期待在震驚中被打破，促使他們轉向其他管道尋求共鳴。

第二個孩子現在已經長大成人，她的期待不多，她的奇異吸引子範圍狹窄、乏善可陳，而她受到的制約會讓她傾向選擇與母親相同特質的男人。她已經接受了自己的情感需求會受到忽視，因此當這種情況發生時，更讓她確信自己對現實的看法是正確的。

她沒有看出來，是她自己創造了這所有的證據。在負面制約的控制下，她把自己的實相，限制在她所預期看到的範圍內，那就是：她只能看著身邊的朋友一個個結了婚，而自己只會徒然變老。因此，當她在派對上認識了某個男人，即使第一印象不佳，但她往往會忽略這個警訊，一心希望這個男人是她的真命天子。於是，她開始扭曲自己的感知以符合心中的想望。

這種惡性循環是很難打破的，因為這些模式阻礙了我們看進鏡中的真相，我們需要透過它在感知鏡面的映射去看清。我們為這些模式所蒙蔽，自己卻渾然不覺。我們的記憶、制約、權宜變通、欲望、希望、期待、索求、投射、語言、疾病、藥物濫用，都會扭曲我們的感知。正如同耶穌基督提醒我們的，我們很容易看見別人眼裡的刺，卻看不到自己眼中更大的梁木。如果我們無法找到方法來清除眼中的扭曲，這句話就會一直為真。

以下的兩個練習，可以幫助你展開這個清理的過程。

練習。藍色水晶花瓶

找個安靜、放鬆、不會受到打擾的地方。坐在扶手椅上，雙手雙腿自然擺放、不要交叉。閉上眼睛，把所有讓你困擾、疲倦及干擾你的人事物，都透過呼氣呼出去。把這一切化為輕煙（二氧化碳）呼出去，它很快就會被周遭的植物吸收。吸氣時，看到吸進的是如同湛藍天空裡最明亮耀眼的藍光，並充滿燦爛的陽光。看著這道明亮的藍金色光芒充滿你的鼻腔、口腔、喉嚨，像一條巨大的光的河流，沿著你的背部往下流動。看著它充滿你的雙腳、腳趾，再從腳趾延伸出去，彷彿長長的光之天線。繼續看著這道光順著你的雙腿往上，充滿你的骨盆腔，再看著它上升來到你的胸腔，在你的心臟流進又流出，如此反覆來回，直到你的心臟變成一盞閃閃發光的藍色的燈。看著光化做更小的光之河流，沿著手臂向下流，充滿你的雙手與手指，並從指尖延伸出去，彷彿長長的光之天線。當你繼續吸入藍光時，看到藍光持續充滿你全身。看著它從你身上的關節——腳踝、膝蓋、髖關節、肩膀、手肘與手腕——往外放射光芒。看到光充滿你，直到它穿透皮膚，向四面八方輻射出去。此時的你就像一個充滿藍光的水晶花瓶，向各個方向放射光芒。接著睜開眼睛，看到自己成為一個充滿藍光的水晶花瓶，光芒四射，然後就可以結束這個練習。

你會驚訝的發現，這個練習可以在一分鐘或三十秒內完成。千萬不要花超過一分鐘的時間來做這個練習。這個「藍色水晶花瓶」的練習可以提升你的能量，效果驚人，最好在早上的時候做。

練習。水晶靈擺

閉上眼睛，慢慢的呼氣三次，看到數字從3倒數到1，看到數字1高大、清澈、明亮。想像一個巨大的水晶靈擺，規律地從左擺盪到右，再從右擺盪到左。每一次靈擺晃到右邊時，會把你生活中那些限縮你選擇的環境干擾堆在一起。當靈擺將干擾逐一推到一起時，試著辨認出每一個干擾是什麼。當所有干擾都聚集成堆後，呼氣，看著靈擺大幅度的擺到右邊，再以大幅度盪回左邊，同時把成堆的干擾掃到左邊。呼氣，再一次看著靈擺大幅度擺盪到右邊，再盪回左邊，將成堆的干擾從左邊甩出畫面之外。呼氣，張開眼睛。

當我們轉向內在，我們凝視的是虛空

我們已經談過，感知反映了外在世界。現在讓我們更深入來看看，什麼是內在世界的感知。感知鏡面所反映的那個內在世界，就是我們身體之內的圖像嗎？換句話說，我們只是感知來自內在生理刺激的訊息嗎？或者，內在世界其實是**超越**身體的存在？

身為成年人，我們從不質疑自己理解外在世界的能力，因為在成長過程中，我們必須學會分辨形狀、顏色、聲音、味道，以及其他感官自然記錄下來的所有線索，而這些線索對現在的我們來說很容易辨識出來。

當我們還是嬰兒時，我們只懂得如何做夢，但從嬰兒到長大成人的過程中，外在刺激將我們拽離了自己的內在世界。因此，成年後的我們，有必要重新接受訓練，以便再度聚焦於內在。

想要感知內在世界，需要採取一種與我們的習慣完全相反的行動。因此，我們必須有意識地去做這件事。當我們轉向內在時，我們凝視的是什麼？不是形相與模式，而是虛空。

記住，由於內在世界是外在世界的**反轉**，因此我們只需要片刻時間，便能從聚焦外在世界的模式中停下來，轉而感知內在世界。在此我要指出的是，雖然我們是向內看，但並不是看**進**身體裡面（在第六章我們會介紹另一種局部形式的「看見」）。

此處我們要探討的，是一種非局域性的、沒有實體、無形無相的內在空間。我們捨去形相與模式，透過簡單的「向內看」來探索這個虛空。這種主動的「觀看」，可以把光引進黑暗中，在這道光裡，我們彷彿被魔法賦予了某種天賦，可以在虛空中玩起不可思議的配置遊戲。

這就像是伸出食指去碰觸一面空白牆壁時，所有原本看不見的文字突然冒出來一樣。但是，如果你試著將這些文字固定在牆上，它們會迅速變成另一種形狀或消失不見。一個身心健康的人，其內在世界不會被模式所束縛，相反的，模式會吸引我們欣然投入一場饒富意義的想像力遊戲。

但什麼是「想像力」呢？它的本質如此難以捉摸，我們甚至無法賦予一個近似的定義，只能假設它是「不可知與已知的對話」。當然，想像力彷彿隱身在面紗之後，它的力量潛藏在那高深莫測、孕育著生命的蒼穹之上。凝視內在世界的虛空，會是我們通往另一個真實世界的通道嗎？所謂的夢境，是一處所在，是一個我們可以造訪的「實相」嗎？那是我們隱藏於迷霧後面的極樂仙境嗎？

我們能否將真正的夢境實相，帶入常規生活的意識實相，玩一個把章魚由內往外翻的把戲？當你繼續讀下去，就會發現這些都是有可能的。

先讓我們回到內在感知的問題上。這裡要指出的是，當我們的感知轉向內在時，除了讓我們「看見」想像力的世界之外，別無其他作用。這個想像力的組態，就像天空中轉瞬即逝的雲，在回答我們的問題時浮現出來，接著轉眼間就消失在我們所「看見」的無邊無際的內在之光中。

失真的想像世界

鏡子的內在面也會受到干擾嗎？想像力的世界可以被操控、扭曲或篡改嗎？當然有可能，就像我們對外在世界的感知也會發生同樣的狀況。這些干擾，是來自想像力世界本身嗎？不是的，它們源自於身體。

我所說的「身體」，指的是我們這個有固定模式、習慣、需求及情緒的脆弱肉身。正是這些東西緊抓著想像力不放，將它扭曲成白日夢與幻想。這些劣質假造的做夢狀態，會導致我們身心耗竭，因此我們很容易辨認出來（反之，內在洞見所激發的純粹想像力，能使我們充滿活力）。

順帶一提，請不要將「白日夢」與法國人所謂的「遐思」（rêveries）混為一談。遐思是在一種極度放鬆與開放的狀態下，引發的日間夢行，而白日夢則是由自我放縱的欲望催生，導向的是一個你所預期的結果。

譬如，你的白日夢幻想著一個高富帥的性感男人瘋狂愛上你，為你神魂顛倒，並和你結婚。當然，你從此過著幸福快樂的生活（如果你是男生，請將白日夢的主角替換成女人）。

「幻想」會透過餵養我們的匱乏與受挫的期待，而擾亂內在世界的純粹反射。所謂幻想，就像這樣：「我要把他的手指頭一根一根折斷，再打斷他全身的骨頭！」或「我會去死，讓他們後悔莫及。」然後再繼續幻想你死後的葬禮上，你的家人如何悲痛欲絕等所有細節。

練習。辨識白日夢與幻想

接下來的一週，請留意你的白日夢與幻想的內容。不帶任何評判的去進行觀察。

留意你的白日夢與幻想，它們可以指出哪裡是你堵塞為嚴重的地方。比方說，你對陪伴的渴望令你難以自拔，或你的憤怒已嚴重到偏執地步。於是，你的奇異吸引子就此形成，並轉變為你未必喜歡卻無力擺脫的實相。

學習辨識白日夢、幻想與純粹的想像，是一個內在進程的起始（後續篇章會提及）。這個進程能協助你將白日夢、幻想的畫面，納入內在世界的想像場景中，加以處理，然後釋放它們。用於維持這些幻象的停滯能量，最終會被想像力吸收，從而創造出對生命抱持肯定心態的新架構。

如果我們是正常、健康的，我們的內在會有一個安全的中心，並透過它與外在世界連結。就如同亞當為動物命名（《創世紀》2:19），我們也可以為這個世界不同的構成要素命名。感知過程中無論面對什麼樣的干擾，我們仍可以透過我們所認可的模式，來看見一個一致的世界，而這些模式已經被命名並加以定義，供我們將來參考。

問題在於，我們越是用這種方式來看世界，就越可能誤認為這是看世界的唯一方式。人類是一種自我參照的生物，我們一邊前進一邊訓練著自己，在自己選擇的常規或習慣中越陷越深，然後再如出一轍地訓練我們的下一代。

新生兒就像第一個人類亞當，擁有一個純淨、透明的內在身體。他們的感知非常強烈，然而在成長過程中，他們對內在世界的興趣經常受到壓抑或忽視，於是隨著年紀漸長，這種感知會快速減弱。

但，想像一下發生某件事改變了你的認知，例如一個令人震驚的事件，可能是你的孩子受了傷，或是你被診斷罹癌，或是分手的情人回頭來找你。無論是驚恐或喜出望外，這種震驚的情緒都會翻轉你的鏡子，讓你冷不防地看見鏡子的另一面。

在這個新出現的「虛無」空間裡，想像力可以讓它短暫卻重要的徵兆浮現出來。然而，我們非得等到生命中出現衝擊，才能一窺它的祕密嗎？事實上，每天晚上我們都有一個機會，一個有可能窺見另一個世界純淨樣貌的難得時刻，由此開始探索想像力的世界要明智多了。

練習。看見臨睡心像

今晚上床睡覺時，讓自己徹底放鬆，閉上眼睛，但要確保你是清醒的。不要讓自己有任何的內在對話。把所有念頭從腦海中向左邊掃出去，保持在一種平靜的、放空的醒覺狀態。很快的，你會「看到」閃爍的顏色、奇怪的片斷影像，或充滿生動細節的場景。在你閉著的眼皮下，這些畫面會出現又消失，迅速被其他影像取代。不要試圖對出現的影像緊抓不放，只要看著就好。你很快就會自然地沉沉入睡。讓這個過程自然發生。

我們將這些現象稱為「臨睡心像」（hypnagogic image），以希臘睡神修普諾斯（Hypnos）命名。這些影像出現於半睡半醒之間的臨界點，此時你所有的習慣行為都是相反的（你是躺著而不是站著，眼睛閉著而不是睜開，肌肉放鬆而不是緊繃）。你放鬆到不想操控你的心像，於是這個與外在世界完全相反的隱形內在世界就冒出來了。

一位盲者如何「看見」內在世界的訊息

黃昏與黎明、打盹與清醒之際，會誘發蒙昧狀態，我們的內在與外在世界在這裡相遇、交融，有時會相互混淆，在這種狀態下，外相經常會捉弄我們。比方說，當你醒來時，還留著一個清晰的印象——你把鑰匙放進包包裡了。稍後當你遍尋不著鑰匙時，才驚覺其實你根本沒有把鑰匙放進包包裡，你只是夢見了自己這麼做。

或者，當你入睡之際，你告訴另一半要記得去學校接孩子放學，但隔天起來，你卻沮喪地發現，你自以為大聲告訴對方的情景，竟然是在做夢。

這樣的混淆其實是正常的，不必擔心。很快你就能學會同時在兩個世界保持清楚的意識，這些混淆會逐漸消失。當然，睡覺時，內在世界會出現在夢中（至少你認為是這樣），但到目前為止，你還無法在夢中意識到自己正在做夢。只有在醒來後，你才記得自己做了夢。但是，這個部分也會改變。

不同於吸血鬼，內在世界不會在雞啼的破曉時分消失不見。想像月亮是內在世界，而太陽是外在世界。白天時，雖然我們看不見月亮，但月亮依然存在。當太陽照亮地球的這一端時，月亮仍未停止它對海洋與我們體液的影響。

我們可以說，鏡子的一面是永夜，而另一面則是永晝。我們的身體是中間的界面（接收器、轉換器）、我們的感知螢幕，以及兩個世界的鏡子。既然兩個世界同時存在，我們能否不把它們視為兩個對等的部分，而是一個整體呢？當你讀完這本書時，應該就能夠做到了。與此同時，也問問自己：你是否曾經在白天清醒的狀態下，接收過來自內在世界的訊息？

法國作家雅克．盧西蘭（Jacques Lusseyran）在其著作《於是有了光》（*And Then There Was Light*）中，描述他接收到這種訊息的情境。事實上，盧西蘭是個盲人，他所能「看見」的，其實是他的內在世界。讀他的書非常有趣，因為他詳細描述了自己是如何「看到」的。二戰期間，他是法國青年反抗運動的領導人物，全盲的他負責遴選該運動的所有幹部。

身為盲人，他是如何做到的？許多幫助我們了解某個人的明顯線索，對他來說是不存在的，因此他只能轉向內在鏡子求助。這面鏡子透過圖像的方式，來回應他的緊急詢問。

譬如，當盧西蘭考量某個可能成為反抗運動北部分支管理幹部的人選時（此人是**唯一**的人選），他「看見」一條巨大的黑色斜線，橫切過他的內在感知領域。

你不需要成為盲人才能像盧西蘭那樣「看見」。你要做的，只是集中注意力。稍後我會詳述盧西蘭的兩難困境，但現在，我們先來看看下面這個練習你能做到多少。

練習。白天的內在視覺

閉上眼睛，呼氣三次，從3倒數到1。回顧你的人生，記起並辨認出類似盧西蘭內在視覺的經驗。藉由後見之明的驗證，確認你「看到」的畫面所要傳達的訊息是否正確。呼氣一次，提醒自己未來要能夠辨認出這些發生在白天、如做夢般的內在視覺。再呼氣一次，就可以睜開眼睛。

舉例來說，有個朋友正在跟你說一件事。你觀察著對方的臉與手，但你也同時「看見」他戴著面具。後來，你發現他說的一切都是謊言。於是，你記起自己內在的心像。這多麼可靠有用啊！你不僅「看到」了，而且還能夠驗證你所「看到」的是真的。在開始的時候，唯有藉由這樣的驗證，你才會開始相信來自心像的訊息。

現在，回到盧西蘭的那個例子。由於急需找到人來管理北部分支，那個人又是當時唯一的人選，因此，即便內在之眼看到的是一條黑線斜切過那人的畫面，盧西蘭沒讓自己**信任**內在視覺，還是選定了那個人。遺憾的是，那個人最後背叛了組織，向德國祕密警察蓋世太保告密，盧西蘭與友人隨後被送到奧斯威辛集中營。

內在的心像隨時都會投射到鏡子上。讀這些文字的你，此時也擁有這樣的內在畫面，不過你極可能視而不見，或是很少去「看」它們，因為你已經忘記了如何把它們當真。但它們一直都在那裡，一旦你決定再次關注它們，便能夠凝視它們，與之互動對話。

正如我們先前提到的，內在世界並不只局限在圖像。就跟外在世界一樣，內在世界呈現的方式，也可能是聲音、文字、完整的句子、氣味，或各種動覺體驗。不過，與外在世界不同的是，這些模式是流動的、不穩定的。唯有透過敞開與放鬆的「觀察」，我們才能看到它們，從而進入想像力的世界。

在此讓我們先暫停一下。你是否準備好要承認你的想像力還很活躍，並且正等待著扮演積極主動的角色？你是否像《聖經》中的夢行者與先知一樣，準備好接受來自另一個「神聖」世界的訊息了呢？

在夢境世界做完全相反的事

想像一下，你在漆黑的洞穴裡待了許多天。當你走出洞穴、迎向陽光的那一刻，很可能只會看到旋轉的顏色、朦朧的形狀，以及失焦的景物，這些狀況很容易讓你錯誤解讀。

同樣的，在外在世界這個開放洞穴中待得太久的你，早已忘了如何在黑暗中「看見」。可以想見的是，當你去看時，所看到的也將會是幻想、誤解及含混不清的訊息。你必須學會重新「聚焦」，這意味著，你如何聚焦於外在世界，就在夢境世界中做完全相反的事。

當你聚焦於這個新世界時，你不會局限於某個特定形式，而是掃描全貌。你要學會觀察某種模式，而不被該模式困住；你要教導自己不斷提升注意力去聚焦，直到你能如實地「看見」內在世界，不會因為缺乏覺知或其他干擾而受到影響。換言之，你必須重新教育自己。

內在世界的語言，早在你幼年時期便已熟知。你在使用這兩種語言的環境中成長，只是後來你忘記了其中一種。正因為你曾經熟悉這種語言，所以重新學習並不困難。訣竅是，讓自己變得更有覺知，然後練習「聚焦」的專注力，直到你恢復威廉．布萊克（William Blake）所說的「真正的想像力」。

當兩個世界——內在世界與外在世界——接受同樣的關注時，它們便會合而為一。此時的你重新成為第一個人類，你的鏡子是個巨大的透明球體，你被光所充滿，照亮了內在與外在兩個世界，而你則成了「一」。這就是我們在這本書中所有功課的終極目標。

為了達到目標，你必須像古代英雄一樣，完成許多不同的任務。現在你已經成功過了第一關——對於吸引你的各種模式變得更有覺知。你的下一個任務是去清理鏡子的兩面。要做到這一點，要先找出讓鏡子變得模糊不清的所有干擾。想想看，這些干擾是如何左右你的人生，使得你改變的可能性都大打折扣了？

第1章練習快速參考指南

辨識出你的「奇異吸引子」：找出你會自然而然地被什麼所吸引（p.52）

花三天時間確定並寫下你所有感興趣的事物，以欄目方式寫成一份清單。然後坐下來，閉上眼睛，呼氣三次。清單上有沒有明顯漏掉什麼？在心像中看到你遺漏的事物影像，然後幫它們命名。接著呼氣一次，睜開眼睛。最後把這些名稱寫在另一欄。

藍色水晶花瓶：清除扭曲的感知（p.62）

將你所有的困擾都化為一陣輕煙呼出去，接著吸進從天而來的藍金色光芒，看著它充滿你的鼻腔、口腔、喉嚨，再像一條巨大的光流，沿著背部往下流動，看著它流進你的雙腿、雙腳及腳趾，再從腳趾延伸出去，彷彿一條長長的光之天線。看見光沿著雙腿向上流到骨盆、胸腔，反覆在心臟流進又流出，直到你的心臟變成一盞閃閃發亮的藍色的燈。看著光流過你的手臂，充滿你的雙手與手指，像一條長長的光之天線往外延伸。當你繼續讓藍光充滿你的身體時，會看到它開始從你的腳踝、膝蓋、髖關節、肩膀、手肘與手腕等關節處向外散發光芒。

現在，光開始從你的皮膚向四面八方輻射出去，直到你看起來像一個閃閃發亮的水晶花瓶。睜開眼睛，看到自己成為一個充滿藍光的水晶花瓶，光芒四射。維持在這個畫面幾秒鐘。

水晶靈擺：清除扭曲的感知（p.63）

閉上眼睛，呼氣三次，想像一個巨大的水晶靈擺從左到右來回擺盪。每一次靈擺晃到右邊時，會把你生活中限縮你選擇的那些干擾堆在一起，接著辨認出每一個干擾是什麼。呼氣，看著靈擺大幅度的擺到右邊，再以大幅度盪回左邊，同時把整堆的干擾掃向左邊。呼氣，看著靈擺再次大幅度向右擺盪，再盪回左邊，將累積的整堆干擾從左邊掃出畫面之外。

辨識白日夢與幻想（p.66）

接下來的一週，請留意你的白日夢與幻想的內容。不帶任何評判的去進行觀察。

看見臨睡心像：開始探索你的想像力（p.68）

入睡前，讓自己保持在平靜及放空的醒覺狀態。觀看閃爍的顏色、奇怪的片斷影像，或充滿生動細節的場景。

白天的內在視覺（p.70）

呼氣三次。回顧你的人生，記起並辨認出那些你曾經有過的內在視覺經驗。藉由後見之明的驗證，確認你「看到」的畫面所要傳達的訊息是否正確。再呼氣一次，提醒自己未來也可以辨認出這些發生在白天、如做夢般的內在視覺。再呼氣一次，就可以睜開眼睛。

｜第 2 章｜

一起來玩「暫停」遊戲

擬定你的人生規畫

拉比希亞（Hiyya）說：「當邪惡念頭（未經檢視的衝動）依附在一個人身上時，
就像有人來到你家門口。當他看見無人阻止，就會踏入屋內，成了客人。
他發現自己如入無人之境，沒有人趕他出去。一旦他侵門踏戶仍沒人阻止，
便會趁勢而上當家作主，最後控制了整個家宅。」
——《光輝之書 II》（*ZOHAR II*，西元前 267 ～西元 268 年）

「在時間中鑄就的事，必須隨著時間的推移來修復、撫平。」柯列告訴我。認識柯列之前，在那不算長的二十九年裡，我身上發生過太多事情（至少我是這麼認為），我不敢想像得花多少時間才能彌補與修復那些傷害。那時的我沮喪、憤怒、混亂、情緒化、誇張做作、需索無度、動不動就哭，更糟糕的是，我沒有耐心。

我恨不得能在一夕之間脫胎換骨，療癒所有傷痛，多希望柯列能揮一揮她的魔法棒，幫我做到這一切！但這種事只會發生在像灰姑娘那樣的好女孩身上，她們不生氣不抱怨，每天耐心地做好自己的工作。

反觀我就像灰姑娘同父異母的兩個姊姊，盛氣凌人、缺乏耐心。跟她們一樣，我也分成兩個部分——我的意思是，我的內在撕裂為二，總在「需求」與「欲望」之間搖擺不定、反覆拉扯，從未獲得滿足，而我那個「內在的灰姑娘」則仍然掩埋在我所有反應

的煤灰之下。

想像你有位心靈導師，此刻你正坐在她腳邊。這是你們初次見面，所以當一團毛線被丟到你腿上時，你感到非常驚訝。「解開它，但請不要把毛線弄斷！」你的老師並沒有看著你，但你知道她在觀察你。

想像你試圖解開這團混亂。面對這個任務，你有什麼感覺？你是迫不及待的想解開它，還是光看到這團毛線，心就累了？當你開始費勁地拆解時，是否有股衝動想猛然扯開毛線？是否很想直接把毛線扯斷？注意你身體的各種感受。稍後我們再回到這個例子。

「暫停」遊戲的奧祕

幾代同堂的大家庭，是許多猶太人記憶中美好的往日時光，通常有十五個小孩及同樣多的大人圍坐在大桌旁，一起享受安息日晚餐。在柯列的大家庭中，每回用餐時間都會玩一種「暫停」遊戲，「出其不意」是玩這個遊戲的關鍵。

玩遊戲時，誰都不知道什麼時候會有人出聲喊停，但只要有大人突然喊「停！」，每個人都必須像木頭人一樣動也不動，包括大人在內，就算你正拿著叉子把食物往嘴裡送，或是你的笑話正講到精采處，都必須馬上停下來。

猶太人對世界最大的貢獻之一，可能是至今仍堅持著安息日的傳統。這是他們最神聖的日子，是一個休息的日子。這一天，他們不做哪些事呢？在安息日，全世界的猶太教信徒都會玩「暫停」遊戲：他們不煮飯、不生火、不開燈、不花錢、不寫東西、不切割修剪，也不外出旅遊。

對大多數人而言，這些條規未免顯得可笑、專制，或至少覺得綁手綁腳。但我還沒說完，安息日那天沒有電視、電影可看，不能下鄉旅遊或到商場逛街，不搭電梯，也不接電話。生活中所有的樂趣都被排除，而且還是在辛苦工作一週後？猶太人在想什麼？是想要自我懲罰嗎？如果是這樣，他們已經如此進行了好幾個世紀了，也不見有什麼不良影響。如果你問他們，猶太教徒會告訴你，他們迫不及待想迎接下一個安息日到來！

對已經逾越界線的模式說「不」

讓我們更深入地探究其中奧祕。我提到的上述活動，都是我們每日在做的事。我們不會考慮是否要開燈，不假思索就做了。拿筆寫字、鈴聲響了接起電話，或是把手伸進皮夾裡拿錢，都是很自然的動作。我們每一天都在做這些動作，沒有任何質疑。

但到了第七日的安息日，正統的猶太教徒會克制自己不去做這些日常動作。找出一件你幾乎成癮的事情，例如起床或下班回家後，不自覺的就打開電視開始轉台。試著選一天「完全不看電視」，你很快會發現自己陷入了一場「意志」與「需求」的拉鋸戰，你滿腦子想的都是電視！

你的腦袋會編造各種各樣的藉口，質疑自己放棄看電視是多麼愚不可及的決定，這個世上有什麼道理禁止人們看電視？你想得越多，就越難「不看電視」。電視甚至會開始對你說話，就像脫口秀演員李察・普瑞爾（Richard Pryor）在出演的喜劇中，描述他的古柯鹼菸斗對他說：「李察，你到底想怎樣？你想怎樣嘛？」

這時，大部分的人都會妥協、棄守，然後如釋重負地恢復舊習慣。但這麼做，不可能沒有後座力。我們的需求就像隻貪得無厭的狗，在得到獵物的一塊肉後，還想要一整隻的獵物。所以可以停下來，不是很棒嗎？對電視、香菸、食物、變態的性行為或任何一種你發現已經逾越界線的模式說「不」，不是很好嗎？說「不」，意味著你開始成為需求的主人，而不是被牽著鼻子走的奴隸，這樣不是很好嗎？

為身體的需求建造圍欄

把你的需求想像成一匹野馬，你正與牠進行一場拉鋸戰，竭盡所能的想馴服這匹馬。如果你身上只有套索與力氣，很快就會筋疲力竭。野馬力量非常大，你不可能贏得了牠。

但再想像一下，這場比賽你有備而來——你為這匹馬建造了一座圍欄！你一步一步後退，直到把這匹馬引進圍欄裡，然後把閘門關上。圍欄是這道等式的第三個元素，它打破了在意志與需求之間拉鋸的兩極封閉性，讓新事物的發生成為可能。

習慣在我們身上根深柢固。如果你想改變自己的習慣，必須和身體並肩作戰。猶太人非常了解這點，並做了件非常聰明的事：他們藉由訓練身體每七天養成說「不」的習慣（他們的「暫停」遊戲），建造了一座圍欄。我們的身體理解七日一個循環的節奏（比方說，我們的細胞每隔七天就會再生）。

還記得俄國醫生巴夫洛夫（Ivan Petrovich Pavlov）著名的制約實驗嗎？每次鈴聲一響，狗狗就會得到食物，所以後來只要聽到鈴聲，狗狗便會習慣性地索求食物。以同樣的方式，對於保留安息日傳統的猶太人來說，第七天一到，身體就會很想說「不」，因為身體在潛移默化中已經建立起習慣，再也不以為苦了。

要先學會駕馭能量，才能好好利用

光是「對自己的需求有所控制」這件事就益處甚多，非常值得做了，但它還有更多的意涵。當猶太人立下安息日的規矩時，就清楚闡明了背後的意圖。「不開燈、不接電話」等等規定，為的是迎接安息日一位非常特別的靈魂人物，也就是他們所說的神聖女性「舍基娜」（Shechina）。在安息日開始時，卡巴拉學者會到戶外迎接新娘舍基娜。

為了理解這個概念，讓我們再回到剛剛的野馬比喻。眾所周知，馬的力量是驚人的，一匹難以駕馭的野馬，對人的幫助其實不大。將馬引進圍欄並慢慢訓練，等人們能夠駕馭馬的力量後，就能用來滿足自己的需求。猶太人以同樣的方式，透過控制自身的本能，把這股偉大的能量用在正面的、有創造性的目標上。他們把額外的靈性（生命能量）帶入自己的身體之內。

然而，如果對自己所沒有的東西缺乏渴望，就不可能做到這點。你不能只是簡單的消除一個習慣，然後坐下來，期待你已經能夠掌控自己的需求。**想要成功，你必須用另一個「更好」的習慣來取代這個舊習慣**。

前面提到過灰姑娘與同父異母的兩個姊姊，想像一下，你和那兩個姊姊一樣沒耐心。這種不耐煩的焦躁感，就是你那匹狂野、難以捉摸的馬。這種焦躁的能量蘊藏著非常多的力量，卻對你毫無用處，因為你無法駕馭。更糟的是，這股能量還可能失控，對你的生活造成嚴重的破壞。

如果你能駕馭這股能量，會用它來做什麼？好好想一想這個問題。

練習。找出你的目標

畫一個圓，當你找到上述問題的答案時，把它寫在圓圈裡。你剛剛已經設定好一個目標，創造出你的意圖了。

我們後續會在第八章討論這個議題，但在此之前，我們還有很多工作要做。

本能之美

說了這麼多，這些與成為夢行者的第二個任務，以及本章主題「辨識出是什麼遮蔽了鏡子」有何關係？我們不受控制的本能，是否蒙蔽了真相之鏡？這些本能真的糟到我們必須去阻攔嗎？還記得本章開頭提到的那團糾結的毛線嗎？老師給你的毛線團，還在你手上等著解開，但你的本能在外頭呼喚你，讓你出去在田野間玩樂，而不是在屋內解開毛線！

這很糟糕嗎？你的本能年輕、狂野、不受控制，這是它們的天性，就像馬的天性就是蹦跳、騰空躍起、疾馳一樣。不受束縛的天性輕鬆自由、恣意嬉戲、強健有力，有什麼能比這更美好呢？還有什麼能比在山丘跳躍的野馬、波瀾壯闊的大海、洶湧的激流更美好的呢？

把小嬰兒帶到一群專注聊天的成年人之中，很快你就會發現每個人都把注意力轉移到嬰兒身上。嬰兒的呼吸、動作、笑容、發出的咯咯聲，很自然的牽動著每一個人，並為之著迷。我們不自覺地也想回到這種自然狀態，於是也跟著寶寶咯咯笑，渴望擁有如此無邪的純真。

但是，我那五歲的朋友凱兒可不這麼認為。她嫉妒她的嬰兒妹妹，堅持要跟妹妹一樣，「退化」到包尿布與喝奶的狀態，但她很快就發現那一點也不好玩，假裝純真是愚蠢的。當然這麼做也不可能清理鏡子，讓我們看清世界的真實樣貌。在凱兒的例子中，小妹妹依然得到媽媽大部分的關注，而凱兒的嫉妒也不曾變少。

無論她喜不喜歡，凱兒的本能誤導了她，讓她試圖從五歲的實際年齡退回到一歲。這並不是她的本能不好或遮蔽了鏡面，而是在這些本能試圖得到滿足的過程中，發生了什麼事。凱兒是如何失去她的天真的？她與媽媽共享的迷人花園，為何獨留她一人？她的鏡子是怎麼變模糊的？

讓生命能量動起來

我們的壽命，可以比擬為一個上緊發條後、走完一定時間就停擺的時鐘。瑜伽行者相信，從出生到生命盡頭，我們呼吸的次數早就已經設定好了。這個次數因人而異，取決我們的業力與命運。在此，讓我們把這個設定好的時間稱為「基礎生命能量」（basic vital energy）。這是我們可以支配的能量，正如瑜伽行者所指出的，這個能量因人而異：有些人天生就擁有充沛的能量，有些人則不然。不過我們終將明白，重點不在於能量供應有多充足，而在於如何**駕馭**我們所擁有的能量。

你可以把生命能量想像成一個緊緊纏繞的線圈。出生前，這股原始能量基本上處於休眠狀態。出生當下，或許是我們這一生最戲劇化的時刻：空氣湧入充滿了空肺（或許應該說，是空肺將空氣吸進來），頃刻間，就如同野馬受到觸碰會猛然躍起一樣，我們的肺部被力量注入，猛然排出空

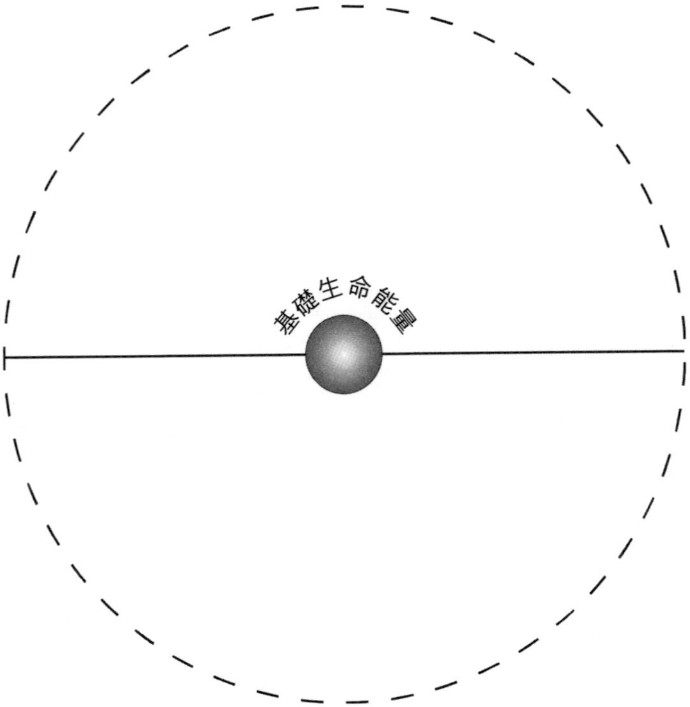

圖 1：基礎生命能量。出生前，我們的基礎生命能量處於休眠狀態。

氣——於是線圈鬆開來，新生命開始運轉。

靈性被釋出，我們有了生命氣息，一個新生命在外在世界開始有了一席之地。奇異吸引子——空肺與空氣——找到了彼此。從最初相遇的震驚中，這兩者互動的整個路徑與形式，被鍛造成一種吸氣與呼氣的模式。

當空肺受到空氣刺激時，會產生將空氣反彈出去的神經衝動，我們稱之為「本能反射」（instinctual reflex，源自拉丁文 instinguere，意思是驅使、鼓動）。可以說，我們的本能就是把空氣呼出去。

同樣的，眼睛與光線的初次相遇，也會激起神經衝動，讓眼睛看見各種形狀和物體；刺激耳膜的第一個聲音會激起神經衝動，讓耳朵聽見各種聲音；身體與空間的初次相遇會激起神經衝動，讓身體開始移動；皮膚和觸摸刺激了接觸的衝動；空腹會激起進食的衝動；而當過多的刺激一起作用時，就會引發整個人關機與睡眠的衝動。

有任何人要你去做這些事嗎？沒有！呼吸、看、聽、移動、尋求接觸、界線、食物、睡眠等，都是反射作用與本能在受到外在刺激時，由神經衝動所激發的回應。我們內在的天性與外在的自然相遇，由此形成了互動的習性。

在最初的互動之後，這些活動就像鐘擺一樣，你不需做什麼，它就會自然地來回擺動。一旦你的生命能量開始啟動，它就必須持續運作著。

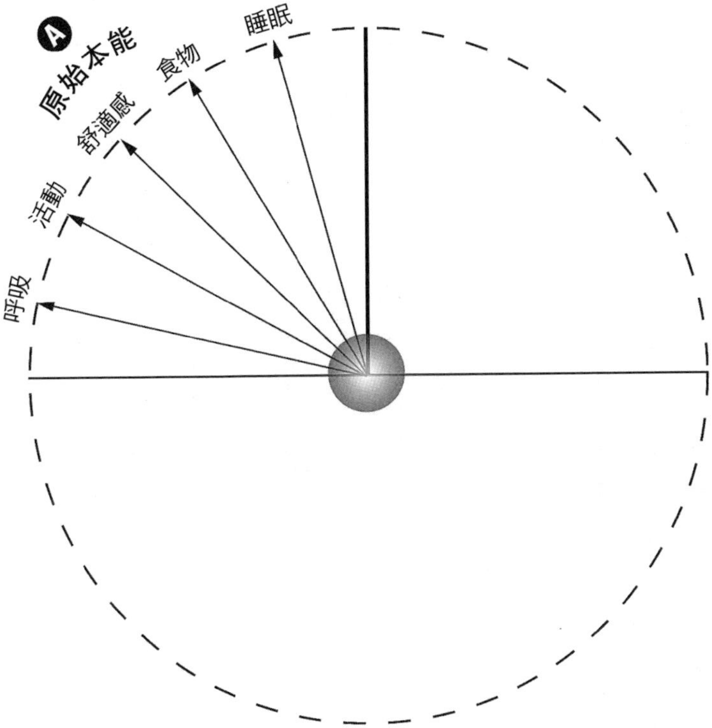

圖 2：原始本能。與外在世界的第一次接觸，會激發我們的基礎生命能量。從出生那一刻起，新生兒就建立了與外在世界聯繫的各種途徑。他們會呼吸、活動，還會尋求溫暖、接觸與食物，以及休息。

本能是如何偏離的？

我們的本能是可以被全然阻擋的嗎？猛烈的洪流能夠等待嗎？如果它被山上滾落的巨石擋住了去路，會因此而停止流動，等待大石頭移開嗎？

當然不會！洪水只會不斷積累，直到淹沒這個障礙。你的本能也如同洶湧的洪水——它們總得有個去處。想像一下不能呼吸的窒息感，如果這種狀態持續一小段時間，你就會死。當本能動作變成掙扎的狀態——手臂胡亂揮舞、心臟瘋狂跳動，此時的你已陷入恐慌。本能動作已經從自然的節律（呼吸），轉變為其他狀態：某種情緒。

將英文 emotion（情緒）拆解成 e-motion，字首的 e，拉丁文的意思是「來自」，而 motion 則是移動或動作。阻擋本能活動就像阻擋山洪流動，只會不斷累積張力，直到一發不可收拾。如果你是一匹被拖進圍欄的野馬，會不會因為驚嚇過度而無法呼吸？你會不會狂跳亂踢，企圖掙脫套索？當這些都行不通時，你會不會反擊？

回頭來看凱兒的故事，她想透過模仿並取代妹妹的角色來擺脫她，當這個打算無法如願時，她有什麼表現？她也會亂踢狂跳來引起注意，或甚至是攻擊她的小妹妹。

我們的原始「情緒」（e-motion）是恐懼和憤怒。這些情緒出現的訊號，是呼吸模式改變、心跳加速且變得不規律，甚至出現失序混亂的行為，或出現畏縮或猛烈抨擊等反應模式（見圖3）。

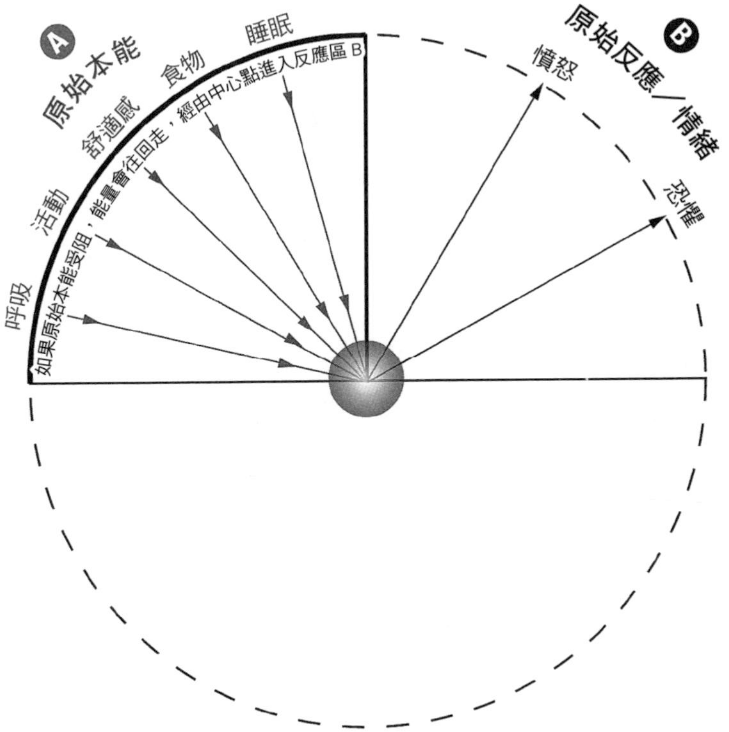

圖 3：原始反應／情緒。不管任何原因，當我們的其中一種本能活動受阻時，這股能量必須移動到其他地方：此時它會轉向成為原始反應／情緒，也就是恐懼或憤怒。

當內在的鏡子變模糊……

恐懼會遮蔽鏡子嗎？恐懼是不好的嗎？如果我們一無恐懼，生存很快就會受到威脅。在生死關頭，我們內在的那頭動物會選擇攻擊或逃跑，這些反應是錯的嗎？在這個**原始層次**，情緒非常有用，因此它是好的。

想像你是史前時期的獵人，剛剛獵殺了一隻羚羊。突然間，你聽到背後傳來咆哮聲，轉身一看，發現自己正面對著一頭覬覦你獵物的老虎。你有什麼感覺？會怎麼做？此時這個原始人既害怕又憤怒。

同樣的，當我們的呼吸受到危害、行動受到限制、食物供應中斷、睡眠受阻，或是我們被剝奪了溫暖與觸碰時，我們會以一種非常原始的方式來反應。面對威脅，我們透過戰或逃的模式來表達憤怒與恐懼。當這種本能反應能夠不受阻礙地達到它的目的，當我們能夠充分表達恐懼或憤怒時，我們內在的鏡子就不會被遮蔽。

遺憾的是，就如同凱兒後來所發現的，我們不是生活在野蠻世界。她的憤怒或許是種健康的**原始**反應，但透過攻擊妹妹來表達，則無法被接受。她不但沒能獲得媽媽的關注，媽媽甚至一氣之下把她趕去房間關禁閉。這真是太不公平了，凱兒的行徑只不過是**自然反應**啊！那麼，她該如何處理滿腔的恐懼和憤怒呢？記住——行動必須有個出口，這些情緒一旦被觸發，就不可能停下來不動，除非動能耗盡，才能歸於平靜。

當凱兒在房間裡生悶氣時，她試著給自己說了個故事：從前從前，有一隻可怕的龍住在山洞裡，牠到村裡尋找獵物充飢時，看到了妹妹，就把小小的妹妹吃掉了。

凱兒已經氣憤到希望這個故事是真的，但是，唉，這只不過是她自己的幻想！而幻想，就像我們在第一章提到的，它會餵養我們匱乏及受挫的期待，從而擾亂我們內在世界的純粹反映。

被禁足在房裡的凱兒，像隻關在籠裡的野獸般來回踱步，最後蜷縮在角落裡自憐自艾，忿忿不平。她向外界投射的那條純粹的憤怒弧線被打斷了，彈回到她小小的身軀裡。被困在身體裡的情緒，要麼以張狂的肢體動作表現出來，要麼像一灘死水動也不動，兩者的結果都一樣：讓清澈的內在鏡子變渾濁。

挫折感、怨恨、愧疚、惱怒、焦慮、嫉妒、憂鬱、悲傷——我是否都列出來了？這些便是我所謂的「次級反應」（secondary reaction，見圖 4）。它們代表受困的能量，經常會從情緒領域擺盪回本能領域。就這樣，我們養成了偽裝成本能的各種習慣。

例如，挫折感可能會擺盪回來，演變成抽菸習慣；悲傷會擺盪回來，演變成暴飲暴食、無愛性行為、嗜睡或甚至生病。這些未解決的情緒癥結，是我們無法抗拒的需求與成癮行為的源頭，例如藥物濫用、酗酒或失控的自慰等等。我們將這些無法克制的需求與成癮行為，稱為「次級本能」（secondary instinct，見圖 5）。

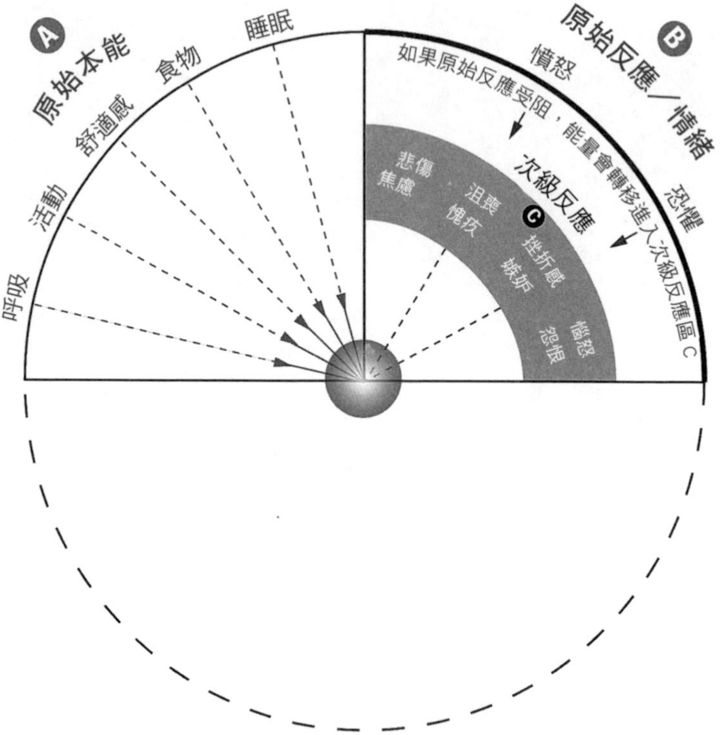

圖 4：次級反應。不管任何原因，當原始反應／情緒（憤怒或恐懼）受阻而無法表達出來時，能量必須移動到其他地方。它會進入次級反應區：一個停滯不動如同死水的區域。

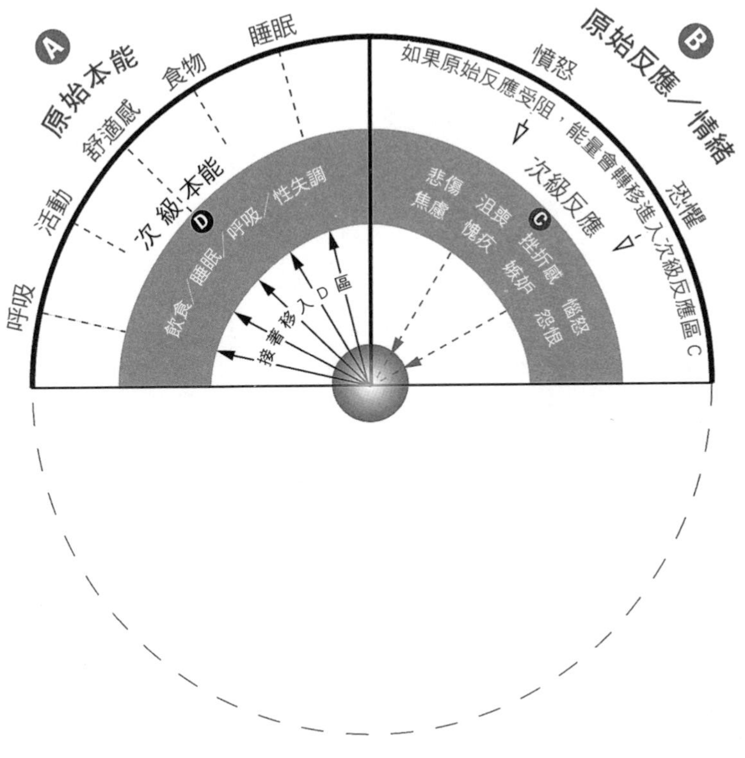

圖5：次級本能。在如同死水的次級反應／情緒中，有些能量無可避免地會滲漏回去，變成偽裝的本能行為。所有失調的飲食、睡眠、呼吸、性行為，以及焦躁／麻木、成癮行為等，都屬於此類。

沒有所謂的罪，我們只是缺乏覺知

如果把一個大石頭丟進清澈的水中，沙子會被攪動，讓水變得渾濁。如此一來，你就看不到在水底的美麗石頭與色彩斑斕的魚。次級情緒的作用就像這樣，它們遮蔽了我們在鏡中的真實影像。

這是否意味著我們不該鬧情緒？基督教會說，急躁、貪婪、悲傷及上述提到的過度情緒，都有罪。無罪者可以上天堂，若你一意孤行，則只剩下地獄一途。

但是知易行難，要停止急躁、悲傷、沮喪等情緒，說起來容易，**如何**去做才是困難所在。我們應該壓抑情緒嗎？正如我們所見，壓抑往往才是問題的根源。如果凱兒不表達她的憤怒，這股情緒不是死灰復燃，就是在內心崩潰。

你看過海浪撞擊防波堤嗎？海浪會濺起水花、打出泡沫，然後旋轉著退回到來處。在教會眼中，我們都是「罪人」。我們應該接受這樣的指責嗎？應該自我放棄並相信我們確實**壞透了**嗎？或者，我們應該更仔細地思考那些引導我們情緒流動的力量？

凱兒是個**壞小孩**嗎？灰姑娘同父異母的兩個姊姊是**壞人**嗎？從社會行為來看，她們的確難辭其咎，但若從事實角度來看，更準確的說法是，她們被**誤導**了。**事實上，沒有所謂的「罪」，我們只是對於要把情緒巨浪引導到哪裡缺乏覺知罷了**。天堂與地獄此時此刻就在我們身邊，渾濁的水是我們的地獄，因為它們遮住了清澈的水、水底的石頭與色彩斑斕的魚，而這些美景則是我們觀看得到的天堂。

如果你把更多石頭丟入水中（例如，因為無法停止怨恨與自憐自艾，你責備自己很糟糕），就是在水底已經累積成堆的石頭上，繼續加上名為「罪惡感」的石頭。你若經常這麼做，水就會變得越來越渾濁。

就跟灰姑娘的兩個姊姊一樣，你其實感覺到了天堂的存在，因為你也夢想著嫁給王子。但王子看不到你，理由很簡單——你沒有穿上灰姑娘的玻璃鞋。

學會觀察自己的反應

如果王子看不到你，你大概也看不到自己。你感覺事有蹊蹺，但你不確定出了什麼問題，因為水面太渾濁了，你不清楚自己到底在哪裡。你覺得自己身處噩夢之中，就如同手中還緊握著的那團打結的毛線般糾纏混亂。

你要如何退一步來看？很簡單：觀察你對這團毛線有何**反應**。它們告訴你什麼？記住，它們沒有所謂的好或壞。你不需要批判或論斷，只是單純觀察。這團毛線激怒你了嗎？會讓你覺得抓狂、沮喪、悲傷或興奮嗎？關注你的身體，因為身體是這些情緒的顯化之處，你要尋找的關鍵，就在你的身體裡。

練習。次級本能／次級情緒清單

準備一本小小的筆記本，小到可以放進你上衣的口袋或手提包裡。將筆記本分為兩欄，左欄標示「次級本能」，右欄標示「次級情緒」。在接下來這一週，每天記錄你的次級情緒和次級本能，並按它們出現的順序寫下來。

例如，你起床時感覺很煩躁，就在右欄寫上「煩躁」。然後你抽了根菸（雖然你早已決定中午前不抽菸），就在左欄寫上「抽菸」。依此類推，把一整天的次級情緒與次級本能，都按照發生的順序一一寫下來。如此持續一週，不要批判自己，只是如實記錄發生的狀況。

一週結束後，你應該有了一份誠實的清單，上面記錄著你反應的方式，以及你如何回到次級本能來代償。此外，你也可以清楚看出自己的能量是如何來回擺盪的。或許你會發現自己不斷重複記錄相同的內容，例如：「抽菸……挫折感……」不要因此覺得自己糟糕，也先不要試圖做任何改變。

你正在學習的是**觀察**。自我觀察是清理內在鏡子的第一步，透過記錄自己的活動，可以讓你的觀察更能具體聚焦。

設定人生規畫，成為想要成為的人

你終於看清楚，自己是怎樣一次次地踩進同一個坑裡，就像電影《今天暫時停止》（*Groundhog Day*）裡的男主角，所以，你難道不會開始問自己一些非常基本的問題嗎？你不會想看著自己淪為滿腹牢騷的老婦人，或變成心懷怨恨的老頭子吧？你剛剛才把地圖展開，認清了自己的障礙。你知道要避開哪些危險的道路及擁擠的城鎮，它們看起來就像是你最可怕或反覆出現的噩夢。雖然你尚未釐清自己真正想要的是什麼，但至少你現在已走在正確的道路上，準備開始設定自己的「人生規畫」了（見圖1至圖5）。

「人生規畫」這個命題聽起來有點浮泛，但事實上它是個很簡單的概念。我們每個人都有「人生規畫」，雖然對有些人來說，這個規畫似乎有些模糊。不過，你無須擔心，因為引導你去想像並實現你的「人生規畫」，正是本書的目標！這段旅程將帶著你穿越你的想像力森林，在那裡，你將會遇見你的情緒、次級情緒和次級本能等怪獸，牠們不會以真面目示人，而是像萬聖節的搗蛋鬼一樣戴著面具喬裝打扮。

你將學會如何與你想像世界中的人物打交道。當你面對他們，與他們過招、馴服並改變他們時，你會學習到如何不要去做出「反應」（react）。在這個過程中，學會捕捉最初的瞬間反應，將有助於釐清你的夢。一路走來，你會越來越認識真正的自己，了解自己想成為什麼樣的人。不過，在期待能完善自己的「人生規畫」之前，你必須先投入進行一系列的演練。

精通「暫停」遊戲

與此同時，生命也一直在跟我們玩著「暫停」的遊戲。野馬被抓住了，凱兒的小妹妹出生了，巨石滾落在山洪傾瀉而下的路徑上。移動與變化是生命的常態，我們能做的似乎不多，但或許還可努力一二？與其淪為人生無常的受害者，我們若能夠成為精通「暫停」遊戲的大師，在情緒浮現的瞬間就抓住並將之轉化，不是更好嗎？

但這需要看得透徹又有遠見。記住，這個遊戲的目的是重新引導你的能量，而你才剛要開始拆解那團糾結的毛線。在你解開人生許多錯綜複雜的線頭，並精通「暫停」遊戲之前，還有一段漫漫長路要走。不過，就像灰姑娘的兩個姊姊一樣，我相信你必能想像出夢中的王子，並且可以施魔法把你「內在的灰姑娘」召喚出來。灰姑娘的特質，會是你最渴望擁有的。

練習。「人生規畫」的特質清單

列出你最渴望擁有的特質（讓這些特質自行浮現），以單獨一頁記錄在小筆記本上。

以這樣的方式，你將會設定自己的目標（或者我們所說的「意圖」）。對卡巴拉學家而言，他們的意圖顯然是「舍基娜」；對你來說，你的意圖是你剛剛確定的那些特質。你由此展開了自我釐清的過程，以確定自己真正的「人生規畫」是什麼。

你已經開始梳理與分辨是哪些干擾遮蔽了你的內在鏡子，並讓你想像力的純粹訊息變得混淆不清。這將有助於你更輕鬆地面對夢行者的第三個任務：正視模糊不堪的夢境，這是你的想像力受到干擾的結果，是你一直以來不想看見或無法注視的。

第2章練習快速參考指南

找出你的目標（p.82）

閉上眼睛，呼氣三次。看見一個圓圈，並看見圈內以金色的字寫著你最迫切的目標。再呼氣一次，睜開眼睛，並在睜眼狀態下看著你的目標。這便是你的「意圖」。

次級本能／次級情緒清單（p.96）

將筆記本分為兩欄，分別列出「次級本能」與「次級情緒」。在接下來這一週，只要它們出現就一一記錄下來。

「人生規畫」的特質清單（p.98）

列出你最渴望擁有的特質（讓這些特質自行浮現），以單獨一頁記錄在小筆記本上。

第3章

喚醒內在魔法師梅林

關注你的夢，「看見」隱藏的模式

未解之夢，猶如未讀之信。如果一個人不記得做了什麼夢，
就如同他從未知曉那個夢一般。
因此，忘記夢境而渾然不知的人，將不會從夢的實現獲得任何益處。
——《光輝之書 I》（*ZOHAR I*，西元前 199 ～西元 200 年）

一如神話世界中任何一個自重的英雄，我們必須勇於和我們的猛龍對決，大步跨越沼澤，穿過糾纏叢生的情緒荊棘。如果不面對危險、不經過各種力量的考驗，就別指望能夠喚醒我們的「內在灰姑娘」或贏得王子的心。

但很少有人能像希臘英雄海克力斯（Hercules）一樣，一出生就有能力勒死被放在搖籃裡要殺害我們的蛇魔（童年創傷），然後繼續征服我們的涅墨亞獅子（憤怒），打掃我們骯髒的奧吉亞斯牛棚（堵塞的次級情緒，包括愧疚、怨恨、沮喪、惱怒、憂鬱、悲傷、絕望、頹喪、懶散、怠惰及怯懦等）*。

我們不但表現得不像英雄，還很容易退縮，深怕將自己凶殘的狂怒釋放到世界上。一旦在壓抑狀態中建立起了穩固的世界，我們便會用鋼鐵築起圍籬，長期全副武裝的設定好防禦機制，來擊退外部的假想敵。或者，我們會像一隻驚慌失措的鴕鳥，把頭埋進

沙子裡，希望風暴快點過去。但問題是，風暴就在我們之內，將我們困在負面漩渦中，除非我們勇敢面對並採取行動，否則風暴不會減弱。

當然，我們無法阻止自己去感受內在的負面次級情緒風暴。這些風暴毫不留情的在我們體內肆虐，我們怎麼可能感覺不到呢？我們痙攣、緊繃、肢體扭曲，這種感受如此痛苦，以至於我們只能退縮。事實上，如果我們允許自己去關注這些感受，就有可能開始處理與對應內在的情緒風暴。

但是，我們並沒有正視痛苦的真正源頭，而是把它向外投射，指責這個世界或周遭的人。或者，我們把痛苦孤立起來，以為只要忽略它、不去管它，就能活活把它餓死。

我們可以用另一個古希臘神話的英雄故事來說明我們的困境。普羅米修斯從眾神那裡盜取火種，想為人類帶來生命與光明。他為此承受宙斯的懲罰，被綁在荒蕪的懸崖峭壁上，每個早晨會有鷲鷹啄食他的肝臟，夜晚肝臟再生，隔天鷲鷹再來啄食，如此反覆遭受無盡的折磨。如果我們允許自己去感受內在讓我們動彈不得的防備狀態，就會發現自己與普羅米修斯有不少相似之處。

就像普羅米修斯一樣，我們尋找光，卻被綁在岩石上（堵塞的次級情緒），但被壓抑的怒火會轉而向內，化為一隻鷲鷹攻擊我們的內在，吞噬折磨我們。原想帶給世人的火種，最終竟在自己的體內燃燒。我們是否有勇氣去思忖這樣的噩夢？

「老鷹在吃我的肚子！」真的只是夢嗎？

「老鷹在吃我的肚子！」朱利安哭著說。

「別傻了，那只是夢啦！」媽媽安撫著孩子，一邊把床頭燈打開。「你看，這裡什麼也沒有！」（這裡指的是外在的有形世界）她忽略或忘記了，重要的是此刻朱利安的**內在**世界在發生著什麼。

「我不想跟你說我的夢，太可怕了。」辛蒂亞心有餘悸的告訴爸爸。爸爸回答：「那就忘了，繼續睡吧！」但這並不能改變辛蒂亞很難再入睡的事實，一閉上雙眼，剛剛闖入夢境的一切仍舊追著她不放。噩夢不會輕易消失。它們會出現，是因為我們感知到自己真實情緒產生的失序與混亂，怎麼可能說消失就消失？

如果不採取任何措施來幫助朱利安與辛蒂亞，很有可能在未來幾年，他們會繼續被噩夢所困擾。等到長大成人，他們會服用安眠藥來避免面對潛意識的召喚，長久以往，當他們的藥物耐受性

＊編按：在大力士海克力斯被交付的十二項艱巨且危險的任務中，第一個任務就是殺死巨大的涅墨亞獅子（Nemean lion）；第六個任務是清理養牛三千頭、三十年沒打掃過的奧吉亞斯（Augean）牛棚。海克力斯引河水清洗，只用一天就完成任務了。

達到一定程度後，勢必要吞下更多的藥。

他們應該受指責嗎？他們在絕望下本能地逃避自己，不曉得有其他更好的方法；他們也從未掌握任何工具，用來處理內在那些可怕的畫面。

你會讓自己住在龜裂的房子嗎？

幸運的是，大多數情況下，我們不可能逃離一輩子。堵塞的能量最終會爆發，強迫我們不得不關注並尋求幫助。記住，生命能量一旦啟動，受困的本能與情緒必定要有個去處。如果它們無法透過激烈的噩夢來引起注意，那它們就會透過其他方式來達到目的。積聚的能量最終會在盔甲上找到裂縫往外滲漏，一旦滲漏就會以最適合我們存在層次的形式顯現出來，耀武揚威地在原本安適舒服的身體上以「疾病」形式出現。

疾病，可以表現在四個不同層次：生理層次（腹瀉、心悸、面部痙攣、姿勢改變）、情緒層次（幻想、幻覺、破壞性行為模式等）、精神層次（成癮、強迫症、精神分裂、偏執等），以及靈性層次（怠惰、冷漠、愁苦、倦怠、失去生存意義、離經叛道等）。

有一點是可以肯定的：能量如果堵塞，疾病必定會出現在上述你存在的四個層次之一。你能想像自己住在一個主牆龜裂的房子裡嗎？如果連自家屋子是否牢靠都不放心，你很難在生活中找到樂趣。你的焦慮，以及對龜裂牆面擺脫不掉的擔心，會使你失去對現實的健康掌握；更糟糕的是，你現在不去處理疾病的源頭，而是糾結於疾病的影響。

但是，倘若我們不能或不允許自己去「看」，要如何去探尋根源呢？光靠疾病的影響及症狀就能帶給我們啟發嗎？這兩者之間有何共同點？

離岸太遠，我不是在揮手，是在求救……

還記得本章開頭提到的那隻把頭埋進沙裡的鴕鳥嗎？這隻鴕鳥在慌亂下，囫圇吞下了一些吃剩的午餐、一個紙袋、一小截菸蒂、一條繩子、幾把鑰匙，最後還吞下了一個舊鬧鐘。這些東西都在牠的胃裡打轉，很快的，鴕鳥就消化不良了，但牠什麼都沒有做，反而不高興地把頭埋在沙子裡，露出屁股和羽毛。

突然間，吞進鴕鳥肚子裡的鬧鐘，按照原先的設定開始啟動了，每隔三十秒便鈴聲大作。鴕鳥心想，沒關係，**只要我不動，就不會有人聽到鬧鐘響！**鴕鳥是想騙誰？我們當然聽到了，牠也聽到了，這個鬧鐘聲（也就是症狀）正在向我們招手，一遍又一遍地響了又響，要我們趕緊醒來，要我們注意到它，採取更積極可行、更冒險進取的行動，而不是把頭埋進沙子裡！

你有多少次遇到過這樣的人：他們不斷的追憶過去，不斷提起自己失敗的戀情、羞辱過他們的老闆，或曾經偷他們錢的朋友。還有那些對自己的長相過度在意的人，以及對身體病痛念念叨叨的人。還有一些人，從來不曾學會教訓，同樣的錯誤一犯再犯。

你可能也見過這樣的人：相同的冷笑話、同一段戰爭故事一講再講，或是不論你說什麼，永遠都使用同樣的詞彙來回應你，例如「太好了……太好了……太好了……」，或是對你說的每句話都點頭，就像幫你斷句一樣。你還記得當時你有什麼感覺嗎？你是不是越來越心不在焉、無法產生共鳴，甚至昏昏欲睡，想不顧一切地離開他們？這真是太遺憾了，因為你的反應跟這些人想要營造的效果背道而馳。

沒人聽見他的聲音，那個死去的人
可他還蜷縮著呻吟：
我離岸太遠，比你想的遠得多
不是揮手，而是溺水求救
可憐的小伙子，老是喜歡胡鬧
現在他死了
一定是太冷了，他的心臟才停止跳動
他們是這麼說的

喔不，不對，一向都是這樣冷
（那死去的人還在嗚咽）
我這一生一直都離岸太遠
我不是在揮手，我是在求救

——〈不是揮手而是求救〉《絲蒂薇．史密斯詩集》
（*The Collected Poems of Stevie Smith*, 1957）

我們合理判斷，無視一個垂死者揮手求救，總比和他一起溺斃要好得多。畢竟，如果對方的生命能量已經被困住了，我們何必跟著一起受困呢？我們已經見識過那些不斷的重複如何催眠我們，讓我們變得呆滯，更糟的是，我們已經看見自己開始模仿別人受困的情境。

我們感覺就像一隻蒼蠅陷入由矛盾情緒織成的蛛網中，並且還有老調重彈的傾向。在這個例子中，有個不斷浮現的念頭，告訴我們要好好聆聽朋友的傾訴，因為對方顯然正在受苦。然而，我們真正想做的是逃離，但我們沒有，因為我們不想傷害對方的感情。我們心中早已把對方當成一個惹人厭的老頑固。與此同時，他那些重複行為的鬧鈴聲，還是持續每三十秒響一次。

我們只聽見反覆作響的嗡鳴聲，卻沒有聽到重複的鬧鈴聲背後所要傳達的**情緒**力道有多強。就像街上有車子的警報器大作時，我們會試著在腦海中把警報器關掉，希望刺耳的聲音立即停止，卻沒有去做那件顯而易見的事，也就是當初警報器設計的用意——去查看是否有人闖進了車子。

鬧鈴在尖聲大叫：「醒醒，注意！」同樣的，你的朋友也在揮手以吸引你的注意：「救命啊！我快要被自己製造出來的風暴淹死了，沒有你拉一把，我救不了自己！」

重複，是一種求救的訊號。它是自己最好的廣告商，也是自己最糟糕的敵人，就像一隻受困的蝙蝠不斷去撞擊牆壁。一次次的撞擊似乎在說：「放我出去！」但在黑暗中，這樣的重複行為卻可能讓我們睡著！

你呢？你聽到自己的鬧鈴在響嗎？

到目前為止，我們只談了其他人的鬧鈴症狀。那你的呢？你能分辨出自己的症狀嗎？現在你已經有了幫助自己的技巧，應該不至於做不到。檢視你有哪些重複的行為。不要害怕承認，只要是人，都難免會陷入某種重複的行為，被形式與模式困住是我們這個世界的本質。你很快就會發現，追蹤這些行為並有意識地檢驗它們，將會帶來變革性的好處。

請自我檢視：你是否常說這類的鬧鈴詞彙，像是「太棒了」、「隨便」或「分享」？你是否有某些習慣動作，比如用手指捲頭髮或扳手指？你是否有固定的行為模式，比如心煩意亂時就想吃東西，或者三更半夜打電話給男友查勤？你是否經常陷入同一種類型的破壞性關係裡，總是有工作或金錢方面的問題？你是否經常沉迷於相同類型的幻想：浪漫的愛情、性或暴力？

對克萊拉來說，她的幻想是一座位於山頂的城堡，有滿月映照著。城堡高處有一間臥房，柔和的月光從敞開的窗戶灑進來，窗外斜倚著一個俊俏的年輕人。克萊拉熱切地抬頭仰望。這個浪漫的幻想，源自克萊拉對生命中某個重要人物的模糊渴望，就如同言情小說中千篇一律的情節，在她的腦海中像鬼打牆般的反覆播放。

羅傑的幻想則是成為一名英雄，過關斬將殺死許多怪物，力克阻擋他前進的所有人。這種了無新意的幻想，通常是由憤怒的情緒所驅動，你已經在電視與電影中看到過無數個版本。

練習。找出你的重複行為

觀察自己幾天，找出你重複的行為模式。請留意重複的姿勢、肢體動作、表情及模仿行為，或說話時是否有重複出現的用語、句子、笑話、故事，以及重複的行為模式。如果你持續觀察自己的言行舉止，就會對自己老是說或做同樣的事感到厭煩。

你會知道癥結在哪裡，因為重複的行為會讓你昏昏欲睡、注意力不集中、喜怒無常、失去連結感或心不在焉。如果你有這些症狀，就要開始注意了。覺察到自己有這些鬧鈴症狀，不是要讓你感到絕望，相反的，你應該覺得慶幸，因為你要追捕的野獸已經露出尾巴了！

身為英雄，找到一個旗鼓相當的對手非常重要。盡你所能地抓住這條尾巴，用力揪出來，整隻野獸很快就會現形。

但是，與你的憤怒或恐懼的野獸面對面，不正是你最害怕的嗎？你已經跟著我走到了這裡，應該知道逃避或躲藏都不是你該做的事。你現在必須決定，你已經受夠了疾病、厭煩及虛耗精力。是時候去面對你內在的惡魔了，你沒有其他更好的選擇。像個受訓的英雄那樣，勇敢地向前走！征途上所需要的工具會送到你面前。

船夫眼中的漩渦，不是毒蛇，是指標

我們所有人都像偉大的魔法師梅林（Merlin），生來就有「看見」表象之下本質的能力。我們那些充滿破壞力與暴力的噩夢也在告訴我們，沒有人可以完全免除擁有這種天賦所帶來的危險。我們應該如何善用這種能力，而不是恐懼和忽視它？我們又要如何才能在相對安全的情況下學會「看見」？但在此之前，我們首先要釐清，「看見」的真正意義為何？

正如我們在第一章提到的，一切都取決於模式，以及隱藏在模式之下的傾向。只要有互動，就會形成模式。模式，是各種關係的外顯形式。比方說，河流與岩石河床的互動會產生暗流與漩渦。對於要渡河的旅人來說，這些都是讓他害怕的危險所在。於是這些暗流與漩渦可能會出現在他當晚的夢中，幻化為邪惡的毒蛇盤繞在他的腿上，試圖把他往綠色的深淵拖去。

然而，對那些一輩子在當地行船的船夫而言，這些漩渦不會在夢中幻化為毒蛇，而是被視為他能否開船的指標。船夫擁有觀察暗流與漩渦模式的經驗，可以讀懂其中的模式，藉以判斷水流如何受到水下障礙物的影響，以及這些障礙物位於多深的水下。

想像你做了個噩夢，夢見有人闖入你的房子。這是件可怕的事，於是你尖叫著醒來。但是現在，就像那個船夫一樣，你應該以另一種角度再去看看這個恐怖畫面，因為經驗已經教你如何解讀這個模式，你已經學會辨認出在這畫面背後，有多少重要的元素是跟你有關。

在這個例子中，入侵者的形象是由某部分的你所誘發的，這個內在的自己是你一直壓抑的部分，直到它被迫以激烈的方式（噩夢）來引起你的注意。當你學會將噩夢視為一種模式，你就會「看見」它，並開始擺脫噩夢中最令你驚恐的那些元素。

找出重新動起來的「梅林」能力

在想像力的世界中，模式從來不是靜態的。套句作家詹姆斯．格雷克（James Gleick）論及「混沌理論」時所說的，模式是「嵌入運動結構中的形狀」。如果模式看起來是停滯或重複的，這僅僅是意味著，它的能量處於休眠狀態。對我們來說，困住就是一個明確的信號，提醒我們要讓模式重新動起來。

我把這種讓模式重新在生活中動起來的能力，稱為「梅林」。梅林，是我們每個人內在可以「看見」的那一面。以下這個關於「梅林」的故事，就顯現出模式運作中「看見」的能力。

當時不列顛國王沃蒂根（Vortigern）想建造一座巨塔，來保護他的子民免受異教徒入侵，但塔才蓋好就倒塌了。如此反覆多次，就像一個重複出現的噩夢。正如前面提到的那個要渡河的驚恐旅人一樣，沃蒂根王也充滿了恐懼。

國王被恐懼吞噬，以至於沒有機會「看見」巨塔為什麼總是會倒塌。最後他放棄強行建造高塔，轉而尋求幫助。由此可見，真正的「看見」（seeing）顯然不僅只是「看著」（looking）。沃蒂根王請來了梅林，一個據說沒有父親（沒有因果關係）、擁有「看見」能力的少年。

少年梅林來到後，先在山丘頂上靜靜坐著，距離建造高塔的地點有段距離。故事中的這個細節，證實了我們前面所說的，所有的「看見」都需要保持距離、超然，以及從遠處觀看全貌。在這個故事中，梅林被描繪成一個眼神純淨清澈的男孩。「看見」，確實需要一雙如小孩般的眼睛，而且還需要同時具備務實及想像力兩種特質。

如果一個小孩的玩具高塔倒塌了，他會從上面、側邊及下面去進行檢查。他看到天空是晴朗的，而他觸目所及的地面看起來是堅實的，如果兩者都沒問題，那麼造成高塔倒塌的唯一破壞源，就只剩下他**看不見**的部分——地底下。他要如何查看地底下的部分呢？下面有個練習，會告訴你如何做到。

練習。仔細察看表面之下

在你生活中找到一個屢遭挫敗的領域。不要總是從外面找原因，這樣做只會被失敗奴役。你要像沃蒂根王面對一再倒塌的高塔那樣，試著讓你的眼睛由外轉向內，向下尋找失敗的根源。你看到的第一個畫面是什麼？呼一口氣，把眼睛睜開。

這個神祕故事允許你去「看見」。透過深入挖掘源頭，你發現了一個新的、可能更有效的方法，來處理個人的老問題。在這個例子裡，老問題指的是你在不斷重蹈覆轍的長期失敗中體驗到的痛苦。

當少年梅林轉移目光，從制高點的有利位置看向高塔，在高塔倒塌的長期痛苦之下，他「看見」了一個地下湖泊。的確，把一座高塔建在不穩固的地基上，毫無意義。湖泊深處拴著兩條龍，一紅一白，牠們在此沉睡。這兩條互鬥的龍被囚禁在不穩定的、無法離開的潛意識水池中，還有什麼比這更好的比喻，能生動描繪出我們隱藏的衝突情緒呢？沃蒂根王明智地決定停止建造高塔，轉而開始思考高塔不斷倒塌要讓他看到什麼模式。

不需要分析，就只是很簡單的「看見」

故事還沒結束。當沃蒂根王觀察並真正能夠「看見」後（從梅林身上學來的），在湖中沉睡的兩條龍醒了。這個故事暗示，「看見」是主動的，或者更確切的說，是「互動的」。**「看見」與模式之間的關係，改變了模式**。被梅林與沃蒂根王的「看見」喚醒後，雙龍騰然飛躍至空中，一直被壓抑的部分終於浮出表面，兩條巨龍展開了一場生死決鬥。

最後紅龍倒下，白龍勝出。透過「看見」的行為，衝突對立的情緒浮出表面，並有了戰鬥的空間，從而得到了解決——當然，由最好的龍獲勝。雖然高塔還沒有建好，但沃蒂根王回家時已經蛻變成一個經過磨練、更加真實的人。

曾經有人向我抱怨說，「看見」未免過於簡化了。因為在「看見」時，不需要試圖分析夢中故事的不同動機。不過就我們所知，高塔並不是象徵內在的某種陽具崇拜，也不代表爭奪王位的野心；雙龍及彼此之間的爭鬥也不代表你的父母；這個故事並非神話，也不是寓言。

「看見」不需要我們去分析。把這些分析與歸類的工作留給佛洛伊德學派和榮格學派吧，他們做得比我們好太多。我們不將自己與象徵符號相提並論。所謂象徵符號（物件、繪畫、儀式），是無形事物在外在世界的表徵。而這「無形」，只是對普通的我們而言，並不包括我們的內在梅林（我們能「看見」的那個面向）——也就是我們內在的神聖部分。

「看見」這個舉動，讓我們回歸神聖。在生活中，這個神聖部分要求我們尊重內在感知的提醒：「相信自己的眼睛。」「看見」其實很簡單，那是來自孩童般純真意識的注視，沒有恐懼，也不帶任何先入為主的成見。

所以，把解夢的辭典、講解符號的百科全書和原型術語表都收起來吧，只要留意觀察你夢裡的模式是如何呈現的，它會告訴你，你的**內在**發生了什麼，這比起你從外界尋求的任何解釋要貼切多了。雖然夢經常會以一種可怕的、令人敬畏的方式呈現，但同時它也很美好，它會直接向你訴說你的情緒、力量，以及你潛藏的生命力。

記住，模式的每個部分——夢境的每個元素——都是你的一部分。由於神話與傳說也是夢，所以國王、梅林、高塔、湖泊、龍等角色，就是你自己的不同面向在互動。為了讓你「看見」，你的這些不同面向將自己編織成一幅壯麗的織錦，比任何書中的理論都更有意義、更重要，也更真實。不要想得太複雜，觀察你的模式要告訴你什麼。

夜間小孩是如何淪為慣犯的

夢是我們「看見」的主要方式，因為它發生在夜晚當我們把焦點轉向內在的時候，也因此能夠被內在感知接收到。這是我們完全放鬆、毫無防備的時候，我們閉上眼睛，隨意仰躺著。夜間的夢，是我們「看見」的一條最直接的途徑，但在這個階段，我們夜間要面對的，可能不那麼令人愉快。

噩夢，是第一道劇烈的警鈴聲。當沒有其他東西能喚起我們關注時，噩夢就是我們內在世界的最後手段。這些夜間潛入者發動攻擊，只為了要喚醒我們的覺知。在我們面前，它們誇大我們的恐懼與憤怒，就像一個被忽視的孩子刻意在父母面前展現偏差行為。

如果持續忽視我們的夜間小孩，他會變本加厲，最終淪為「慣犯」。回頭檢視，你是否反覆做同樣的夢？你是否每隔一段時間就夢到自己錯過火車、沒準備好就上場考試或上台演講、迷路、找不到自己的家或車子，丟了包包、有沉默的流浪漢靠近、有人（或蒙面人）破門而入、被兩個惡霸毆打或銬起來（通常是兩個，代表二元性），以及面對骯髒的廁所、滲漏的汙水與糞便，或一團模糊的血肉等等。

這些夢境都不怎麼讓人愉悅，但它們**是**你的夢。你會因為不喜歡它們的氣味或樣貌而否認它們嗎？如果你在日常生活中這麼做，你的家庭和生活很快就會變得一團糟。

這些夢有任何共通之處嗎？答案是它們都很激烈、壓抑、幽閉、危險、令人困惑、心煩意亂、不安、荒誕離奇、孤獨，或者一直很忙亂。它們的顏色沉鬱晦暗、渾濁骯髒、多色混雜，從暗黑、深紅到卡其色及土色都有，也可能是俗豔的亮綠色、豔黃色或刺眼的白色，像霓虹燈或車頭燈一樣讓人無法直視。

請容我立即為你保證——真正的夢行比這有趣太多了！但每一個任務都需要時間。你現在的任務就是面對自己，這是你最大的挑戰。

你會像那邪惡的繼母一樣看著鏡子，期待聽到自己是世界上最美麗的人，還是你已經準備好接受事實真相了？你能否善用夜夢的鏡子，來看見你內在的風景，即使那可能會讓你不舒服？要知道，「看見」有它自己的安全網，並且能與夢互動，以轉換和改變夢的內容。現在，允許自己專注於以下的主要任務：記住你的夢。

準備好拋出魚線，從海底深處釣起寶藏了嗎？

「忘了你的夢吧！」這是本章開頭，辛蒂亞的父親對女兒說的話。很多人也會這麼做。我們學會了把內在視覺弄得模糊，我們殺了梅林。你可能會抗議說，忘記不等於不想「看見」，你很想做夢，但就是不記得做了什麼夢——事實上，你甚至還以為自己**從未**做夢。但睡眠實驗的研究已經證實，至少在「快速動眼期」（ＲＥＭ，眼球快速活動，可以從睡者閉著的眼皮下偵測到）的睡眠期間，**所有人**都會做夢。

搜尋一下你的記憶吧，我相信你至少會找到一、兩個夢，極有可能是讓你覺得不舒服的，這不就是你當初忘記它們的原因嗎？想避開不愉快的夢，不代表你是膽小鬼，只是說明你有強烈的生存本能。

現在是你學以致用的時候了，想想你在本章學到的，關於「看見」夢境模式的內容，儘管這些夢令人心煩不安。你願意檢視一下你的夢嗎？你願意捕捉自己的夢，就如同漁夫拋出魚線，從海底深處釣起寶藏嗎？

如果你的答案是肯定的，那麼就開始以下的練習。

練習。夢的日記

去買一本新的筆記本。挑你喜歡的，你越喜歡它，你的夢就越確信你有興趣去聽它們要說什麼。回家後，把筆記本翻到第一頁，在上面寫下：「夢的日記」。把「夢的日記」放在床頭櫃上。上床睡覺前，翻到下一頁，在最上方寫下當晚的日期，維持筆記本打開著的狀態，把筆放在上頭。

你現在已經設定明確的意圖：想要記住你的夢。入睡前再提醒自己，你想記住你的夢。剛開始時，如果能提醒自己在做夢結束時就醒過來，會很有幫助，這樣你就能趁著記憶猶新時捕捉到夢境，並將夢境內容記錄下來。如果這個方法對你不管用，那就在隔天早上醒來時，立刻寫下你還記得的夢。把你記得的全部內容都寫下來，即便有些細節看似無關緊要。之後你會發現，你的夢最清楚什麼是重要的。

如果你打算隔天早上睡醒時才記錄夢境內容，那麼在你跳下床之前，有必要留給自己一點時間。保持和做夢時相同的姿勢，放鬆地躺著，這有助於你回想夢境。記住，夢是難以捉摸的，但只要你關注它們，它們會更樂於和你親近。

在這個階段，要能堅持不懈是非常重要的，有能聽你細說夢境的人也同樣重要。透過這個「向他人講述夢境」的過程，有助於增強你對夢的記憶。

一開始，你或許不喜歡自己的夢。你可能會發現你的夢太讓人困惑、太紛亂，或單調無趣，也可能因噩夢或重複的夢境而心生畏懼。別氣餒，只要你更關注你的夢，它們就會像孩子般活躍起來，變得更清晰、更警覺、更專注，也更有趣。

很快的，你會發現自己花更多的時間在審視你的夢——你想多了解那個蒙著面紗的女人，或上鎖的抽屜。這些都是你潛意識的孩子，他們邀請你一起玩。捲起你的袖子，像大力士海克力斯那樣，投入遊戲中盡情玩樂吧！下一章的主題是，如何在清醒狀態下與你的夢互動，在成為一名真正夢行者及落實「人生規畫」的道路上，這是你的第四個任務。

第3章練習快速參考指南

找出你的重複行為（p.109）

留意重複的姿勢、肢體動作、表情及模仿行為，或說話時是否有反覆出現的用語、句子、笑話、故事，以及重複的行為模式。

仔細察看表面之下：找出生活中反覆失敗的領域（p.113）

在表面之下尋找失敗的根源，你看到了什麼樣的畫面？呼一口氣，把眼睛睜開。

夢的日記（p.118）

買一本筆記本，題上「夢的日記」，放在床頭櫃上。每晚睡覺前，在新的一頁寫下日期後，維持筆記本打開著的狀態，把筆放在上頭，以便在夢醒時隨時記錄夢境。

| 第4章 |

回應夢的必要性

與夢境互動

它〔噩夢〕是好的，也可以是有益的。願慈悲的神將它轉化成好夢；
願從天上降旨七次，讓它應該是好的，也可以是有益的。
——《塔木德・頌讚篇》（*Berachot*）55B

當夢境像猛禽一樣猛烈撞擊我們，把我們壓倒在地，攻擊我們的眼睛、肚子時，如果將它們視為我們的想像或潛意識的虛構而立刻驅離，這樣做有意義嗎？當夜幕低垂，海嘯襲來、車子失控翻倒、蒙面人神出鬼沒、黑黝黝的海水在呼喚我們，我們是否應該接受那些司空見慣的解釋，試圖把沮喪、痛苦的經驗解讀成冰冷的隱喻，或者看作是半成形的身體、情緒或精神症狀？

如果我們很認真地看待這些影像，把它們寫在「夢的日記」裡，並進行深思反省呢？我們是否應該更進一步，嚴肅正視這些影像的暗示，關注身體或生存層次上是否有潛在危險呢？最後，既然已走到這裡了，我們下一步要做什麼？**答案是，面對我們的夢，不要再只是做個無助的旁觀者。**

你是否曾眺望著深不見底的峽谷對岸，渴望能一躍而過，但面對腳下寬廣的溝壑時卻覺得力不從心？

你白天與夜晚生活之間的鴻溝，看起來可能就像是這樣。走到這趟追尋之旅的此時此刻，白天的意識與睡眠中的意識，仍然是兩個截然不同且互不相關的實體。

這些可怕的夢境，和你的日常生活有何關聯？你不能用評斷白天類似事件的意識狀態，來評斷夜晚的夢。睡眠蒙著神祕的面紗，希臘神話中有一條忘川，在你沉沉入睡後，它會貫穿你的睡眠，即便你在做夢也一樣，而做夢似乎也是遺忘的一種形式。你在晚上保留下來的，並不是一個意識清醒的時刻，而是對某個難以捉摸之事物的記憶，甚至那可能是個從未存在的東西。

我們稱為「夢」的這種來自潛意識、難以捉摸的蛛絲馬跡，極可能是你的想像力根據你在夜間經歷的各種身體感受的殘留內容，所捏造杜撰出來的。

或者，夢可能在「快速動眼期」的睡眠階段中顯現，但你不記得它發生時自己在場，至少這裡所謂的「在場」，與你白天在生活事件中的「在場」有所不同。更重要的是，夢中發生的事件，真的如你所記得的內容那樣嗎？如果是，為何你沒有適當地予以回應？

當我們醒著時，如果看到有輛車朝我們衝過來，我們會正視其危險性而趕緊閃避，但在夢境中，為什麼我們很可能**不會**採取同樣的反應方式，跳到一旁避開危險呢？

答案是，因為那是夢，我們知道自己可以醒過來，然後說：「喔，感謝老天，原來只是一場夢！」但這樣可怕的噩夢卻經常會回來。如果噩夢糾纏不走呢？如果它不斷的讓我們意識到危險迫在眉睫，而且非常真實，那該怎麼辦？假如我們對這樣的噩夢忽略不理，難道不會想知道，持續受到這種「被車子撞」的驚嚇感威脅，日復一日、成年累月地背負著預期會受到撞傷的恐怖感受，對我們的身體、情緒和心理健康會造成什麼影響？

當夢境非常生動逼真，堅持要我們記住，去回想或談論這個夢，會有幫助嗎？或者，有沒有可能直接去處理這個夢希望被關注的需求（我稱之為夢的「必要性」）？我們是否應該再回到夢中，然後早早遠離那條被車子撞到的道路？這麼做，真的能改變什麼嗎？

去應對夢希望你處理的問題，也就是它迫切的「必要性」，聽起來可能像跳過深淵般瘋狂、危險，且充滿不確定性。當你朝著夢飛身一躍時，你也賦予了它足夠的重力來支撐你，與此同時，你也放掉了某些讓你覺得安全的認知，諸如什麼是真實的、什麼是想像的。如此一來，你承擔了可能墜入虛構幻想深淵的風險。

回應夢的召喚，意味著你接受了它的實相，也接受了它客觀存在的事實。這騰空一躍，架起了白天意識與夜晚夢境之間的一座橋，你的世界觀就此顛覆了。這一行動的影響非常深遠，你準備好了嗎？

夢的信使，帶來新的預兆

你已經洋洋灑灑地記錄了不少「夢」，當你閱讀這些內容時，是否跟我一樣，被一些顯而易見卻從未被提及的事所震撼？夢總是比你早一步，它就像一個健談的人，總是在對話中帶來一些新東西，啟發你人生中某些被忽視、但現在需要你留意的面向。它會警告你險惡的陷阱，讓你預覽即將引起你注意的事物，或是從新的角度去重現過去的事件，也可能單純提醒你一些你已經接收到、但尚未意識到的潛意識訊息。

你的夢堅定地站在你面前，為你們的對話加入一些有趣的、刺激的、啟發性的，或促進成長的東西。夢從來不滯後，即便它似乎一再重複，但它要傳遞的訊息還是：「嘿，我到底要說幾遍，你才會注意並採取行動！」

把你的潛意識想像成一片海洋，在海洋深處，你生活中的事件已經引發如地震般的劇變。現在，在你的潛意識中有一股不安的情緒與生理性的驚恐正在匯聚，以便能往上浮出意識的海面。雖然你看不到海洋深處，但這是一個你做夢時的心智非常了解的世界，也是一個你做夢時的心智試圖告訴你的世界。

如果這個關於即將到來的浪潮的夢充滿了希望，你就可以準備迎接更好的未來；但如果它發出危險的訊號，那你可以開始往高處走。不論是上述的哪一種情況，重要的是，你必須能夠充分解讀夢境的模式，這樣一來，你就知道應該要做什麼。

如果你不相信夢的實相，就會完全錯過。比方說，如果這是一個充滿希望的好夢，但因為你不相信，就會錯過了牢牢把握住這個希望的機會。或者，這個夢透露的訊息與考驗及虧損有關，但因為你不信，所以就無法事前做好準備，最終果然就像夢中所預示的，你會經歷此事的痛苦而飽受衝擊。你若選擇什麼都不做，事件所引發的情緒巨浪將會淹沒你，徒增你的無助感，讓你寸步難行。基於以上種種，你不覺得相信自己的夢，才是最好的選擇嗎？

如同神的信使赫密士（Hermes）一般，夢踏著輕如羽翼的步伐，帶來新的預兆。它期待著自己的努力有所回報。你會回應嗎？會為這場對話貢獻一些新的東西嗎？

心像的力量，如同一見鍾情般難以言說

並非所有夢境都是未來的預示，就像日常生活中，也並非每一個事件都會影響我們。在夢境自然而然展開的過程中，許多畫面在我們沒有留意時就溜走了。不過，有些畫面卻會如同鎚子敲打鐵砧一樣重擊我們。一旦看到這些影像，就無法假裝若無其事了。我們就像熱蠟一樣，被印上一個大大的圖章。當這些影像出現時，如果我們能夠讓自己真正處在發生的當下，其回響就會如同一見鍾情般強烈、深遠，又難以言說。

然而，面對這些畫面所帶來的刺激，無論我們只是在心智表面做出**反應**（react），或是傾全力去深刻**回應**（respond），都與性格及個人的選擇有關。

《塔木德》中，有一個關於四位拉比決定去參觀伊甸園的故事〈朝聖書 12a-b〉。看到伊甸園

的榮光時，第一個拉比因為太過震驚而死，第二個拉比瘋了，而第三個拉比則成了叛教者。只有第四個拉比阿基貝（Akiba）進入伊甸園後毫髮無傷的出來，並得到了轉化。

除了阿基貝之外，其他三位拉比有什麼共同點？這三個人的**反應**都是詫異、驚恐、懷疑、憤怒、抗拒，所有這些情緒都會在我們身體裡製造不適感而產生疾病。唯有拉比阿基貝**回應**他所經歷之事的**必要性**。他不是「做出」反應，而是深入去「看」，然後回到他日常生活及工作的那個普通的世界（這便是他的**回應**）。所以，一個人應該如何回應，而不是反應呢？

小時候我經常會思索坎特伯里大主教聖湯瑪士．貝克特（Saint Thomas Becket）的故事。他在禱告時被亨利二世的手下殺害，最後用盡力氣大喊：「告訴國王我原諒他！」我想知道，他是否訓練了自己不要反應？

貝克特不僅接受無可避免的事，還從自己內在找到了必須說出的話，而這是唯一能夠永遠改變他與國王對話的一句真心話。在面對可怕的暴力時刻，貝克特是如何還能用「心」去處理當下情勢的必要回應，而不是反應呢？

對我們的夢做出反應

當夜夢中最迫切的必要性出現時，例如有人闖入、大鳥俯衝下來、龍從泥濘湖水中飛升、車子失控把我們逼到絕路，求生本能會把我們喚醒。要避開危險，還有什麼比把我們丟回清醒世界更好的方法呢？畢竟，這裡是夜夢畫面無法觸及之處。

如果吸血鬼會在公雞報曉時消失得無影無蹤，那麼夢也應該在醒來時就銷聲匿跡了吧？至少我們是這麼說服自己的。當然，從一個世界到另一個世界，這樣的轉換是雙向的。在這個世界發生的令人震驚的可怕事件，也可以輕易地把我們彈進夢的世界。就像在我們之前的許多英雄一樣，我們可能會發現自己雖然是清醒的，卻迷失在困惑、猶豫、妄想、幻想、茫然、缺乏覺知、感官關閉（不聽、不注意等等）、暈眩、噁心、出體、幻覺、偏執、瘋狂或昏睡等等迷霧中。

以上這些可能發生的潛在後果，雖然令人感到不怎麼舒服，但畢竟是非常有用的提醒——這些來自夢境世界的武器，可以用來對付我們自己（如果我們選擇這麼做）。這點確實令人生畏。與此同時，大多數人都沒有意識到，關閉夢境世界的後果，與將清醒世界拒之門外一樣，都會為我們帶來傷害。

無論是在夢中或清醒的狀態，當我們面對難以承受的可怕現實時，常會習慣性的選擇退縮或逃避。就像我們經常在反應與本能之間擺盪（見第二章），在這裡，我們也會被困在固定的兩端之間來回拉扯。

為什麼不乾脆面對眼前事物的必要性？為什麼不以相同的決心來面對現實呢——不管它是來自夢境世界或現實世界？

你就是夢境的創造者

如果面對現實很容易，我就無須在此多費唇舌了。在兩個世界中都能處於當下，是夢行者的終極目標，若沒有非常認真地付出一定努力，這個目標是無法達成的。因此，如果你在需要面對時選擇逃避，千萬不要覺得自己失敗了。

相反的，就短期來說，選擇退縮通常是你能採取的最安全舉動，因為如果從未受過訓練或裝備尚未齊全，就要你面對現實真相，那就如同獨自待在田裡的農民遭受強壯的騎馬武士攻擊。你沒有馬、沒有盔甲、沒有劍、沒有長槍，也沒有受過訓練。這種時候，你唯一能做的就是逃跑。

就像拉比故事所描述的那樣，退出有多種不同方式。我們大多數人比較像那位背棄信仰的拉比，也就是說我們不相信自己的眼睛。儘管我們經歷了一個神祕誘人的夢境，但也可能對它的陌生感產生抗拒。如果「客觀地自我檢視」做得不夠多，就會發現你很容易對那些自己感覺起來很陌生的經驗保持距離。

當我們輕鬆說出「這個夢是個**偶然**」時，真正的言下之意是「這個夢**不是**我」。這樣一來，我們就會覺得自己在現實與要面對的畫面之間，保持著一個健康的距離。而要跨越它們之間的深淵，不是我們會做的事。

但問題是：不管你對自己說什麼，你做的夢**就是**你。你是觀眾，沒錯，但你也是創造它的作者。你不是試圖攪亂你腦袋的那些瘋狂影像的受害者，而是它們的創造者，是敏銳的你讓自己的夢變得強大、充滿智慧、有想像力及洞察力。任何時候，當你開始被自己的夢搞得快抓狂或沮喪時，請記得這個基本事實。

記住，你內在創造夢的那個地方，本質上是樂觀和自由的。你也可以從「身為夢境創造者」的一個重要推論中開始振作起來——你有能力改變它們！但在你將這種力量運用自如之前，你必須學會真正認可自己是夢境的創造者。

人們會用各種方式與自己的夢保持距離。如上所述，有些人很難（或不想）承認夢是自己創造出來的。「我不明白我怎麼會做這樣的夢」，或是「這不是我！」或者「我永遠編不出來這麼瘋狂的場景」。有些人則相反，對自己的夢充滿迷信般的敬畏。他們認為夢來自潛意識的熔爐，或來自外界某個超自然之處，是純粹且完美的。

對這些人而言，光是將夢境和他們個人的內在世界加以連結，就足以破壞這個夢，若更激進的想要改變夢境，簡直就是徹底把夢摧毀了。以上這兩種類型的人可能都認為，篡改夢原本要傳遞的訊息，會讓夢淪為純粹的幻想。

前面我們已經談過，幻想很容易演變成任性且自我放縱地操控想像力（見導讀與第一章）。那麼，我們似乎也可以合理質疑，改變夢境來符合我們自身的欲望，將來自潛意識的「真實」夢境加以微妙（或不那麼微妙）的扭曲，是不是也形同另一種操縱。如果我們回到夢中，讓自己從一個衣衫襤褸的鄉野農夫，變身成一個全副武裝、準備捍衛自己的年輕戰士，我們不也是在夢境中安插了一個謊言嗎？

如果返回夢境會引發你這種合理的焦慮，這可能會讓你失去平衡，就像那個發瘋的拉比一樣。或者，你可能會覺得，在夢境與任性的意圖交會之處，地面變得非常濕滑，所以最好把夢完全消滅掉，就像那個因震驚而死的拉比，以這種方式來個眼不見為淨。又或者，就像第三個拉比一樣，直接把所有一切都視為「垃圾」，就此叛教離開。可惜的是，一如《塔木德》聖哲提醒我們的：「所有的夢都緊隨口舌。」（《塔木德．頌讚篇》55:b）你如何述說你的夢，夢就會轉變成你的「詮釋」。拉比阿基貝對這個夢（關於他與另外三個拉比進入伊甸園的故事）的「詮釋」是平和的。我們可以向拉比阿基貝學習嗎？有沒有一種更完整、更安全的方法來處理這整件事？

英雄為我們指出當行的路

雖然在童話、神話與傳說中已有無數成功的例子，告訴我們如何面對夢境的必要性，但我們還是找不到神話與夢境之間那個非常有幫助的連結。箇中原因很簡單，我們還沒辨識出那個英雄——他是誰？來自何處？

是誰如此無私無我地與黑騎士對抗、殺死惡龍、走進沼澤、穿過鏡子與迷霧、披荊斬棘、劃破刺藤與層層的蜘蛛網、潛入地下世界、面對亡者、誘騙怪獸？他清除鏡面上的汙泥與遮蔽物，尋找與拯救公主、土地或聖杯。公主、土地或聖杯是我們純淨的身體、我們的地球、我們裝滿食物的大鍋、我們的伊甸園，以及孕育我們夢中所有奇妙事物、食物與寶藏的子宮。

這位英雄，就是我們的意識心智。

唯有出現迫切的必要性或持續不斷的呼喚時（猛龍肆虐大地，或美麗姑娘手執聖杯載浮載沉於水上），英雄才會冒險潛入夢境世界。英雄總是男性，代表意識的主動性原則，以及有意志力、有企圖心、有情有義的面向。他還年輕，這是他第一次涉足夢中世界——在這個世界裡，遺忘、健忘及麻木昏沉會輕鬆擊敗任何毫無防備的旅人。英雄尚未經歷任何考驗，不曾面對分隔兩個世界的迷霧牆、穿越它，並在另一頭保持清醒。他還沒遇到守在入口的猛獸（他的恐懼、憤怒、焦慮、貪婪等會遮蔽鏡面的情緒）、制伏牠們，或使盡各種計謀讓自己順利過關。

他能面對潛意識心智，並且直到最後都不會失去意識嗎？他能在黑暗中保持清晰明亮的意識嗎？如果可以，他是如何辦到的？

在清醒時，與夢中世界展開對話

要將光明帶入黑暗中，第一步就是接受挑戰。當車子朝你衝過來，當猛禽向你俯衝猛撲，這就是你面對挑戰的時刻。但你當然還無法接受挑戰，因為你還在沉睡中，也還不曉得如何在夢中保持意識清醒。這部分稍後會提到。

那麼，你要如何面對挑戰呢？當你處於做夢狀態時，你無法做到，因此你得在現實世界中從你所處的位置面對挑戰，在意識清醒的時候去做。就如同向水邊踏出第一步的孩子一樣，你也必須先從岸上起步，因為這是你被教導要活在當下及保持覺察的地方。你要在清醒時，與夢中世界展開對話。下面就是你可採用的方法。

一直以來，你都在記錄你的夢，請看看那些讓你深受震撼的畫面，從中找出我所說的「必要性」——它們在呼喚什麼？在催促你什麼？如果是廁所的汙水阻塞溢出，或有個空間非常昏暗，你必須將它們清理乾淨。不要問「為什麼是我」，畢竟這是**你**的夢。想想大力士海克力斯，他也必須打掃骯髒的牛棚。如果是一台起重機或坦克車正朝著你衝過來，你就必須趕緊閃開！

如果是一個蒙面人與你對峙，你的挑戰就是揭開他的面罩。如果是一個黑暗山洞對你張開大口，或是噴火龍出現在你的窗前，你會怎麼辦？你是否注意到，我給你的挑戰越來越難了？清洗廁所確實討厭，但通常不會有危險，不過進入黑暗洞穴或面對噴火龍，就是另一回事了。

別忘了，恐懼是老師，它會教你勇敢。如果沒有恐懼，你如何曉得什麼是勇敢？你又如何練習成為勇敢的人？在夢中，你面對恐懼的第一個反應可能是：「這太荒唐了，我辦不到！」或是「光是想到要踏進黑暗的洞穴，就夠讓我膽戰心驚了！」然而，曾幾何時，你也是個勇氣十足的人，你並不怕做些荒唐的事。事實上，當時的你透過在想像世界中英勇的殺了猛龍，或深入地底下尋寶，從中獲得了不少的樂趣。

那時的你是個孩子，就像少年梅林（你現在能「看見」的那一面）一樣。英雄永遠年輕。當孩子們在玩想像遊戲時，大人總以為他們在假裝，但此時的你應該能夠意識到，孩子們正在做的事**再真實不過了**。他們在練習勇敢，在教自己如何面對現實，他們的理智與情感（其實是他們的整個存在）都融入到了遊戲中。

只有當你能夠像個孩子一樣時，才能在夢中世界保持安全。當然，孩子面對窗前的巨龍肯定會害怕，但只要給他一副想像的弓箭，他就會振作起來，射出致命的箭把巨龍殺了，然後再回去繼續睡覺！

你英雄的那一面，必須像孩子一樣嬉戲。像個孩子般，你可以為自己提供必要的保護——箭、劍、盾牌、步槍、坦克、燈火、繩子，或甚至軍隊（只要你有需要）。或者，你也可以用計謀取勝，像希臘神話中的柏修斯（Perseus）那樣，用計謀殺了蛇髮女妖美杜莎（Medusa）——凡是與美杜莎眼神交會的人都會變成石頭，於是柏修斯將他光滑如鏡的盾牌對準美杜莎，當她看到自己反射到盾面的臉後立即變成石頭，任由柏修斯砍下她的頭。然後王子拿著她的頭當成令人畏懼的武器，將他的敵人也變成了石頭。

這些對你來說並不陌生，你讀過許多英雄如何過關斬將、完成使命的故事，你也曾經是個喜歡玩遊戲的孩子，就如同所有人一樣。我只是想提醒你，你可以再次這樣玩耍。

問題是，你如何在清醒的世界裡做到這點？

練習。面對夢的必要性

坐在扶手椅上，雙手雙腿放鬆、不要交叉。閉上眼睛，慢慢的呼氣三次，從3倒數到1，看到數字在倒數，看到數字1高大、清澈、明亮。想像你用所有需要的防護裝備來武裝自己，然後回到你想面對與處理的某個夢境畫面，去回應它的必要性。用你的長矛或弓箭去攻擊那頭猛龍，帶著強力手電筒和武器，進入漆黑的洞穴。你在那裡發現了什麼？你如何處理？

卯足全力去玩吧。如果你感到害怕，隨時都可以退出來並尋求援助（包括找一位夢境治療師，讓專業人士引導你走過這個過程）。記住，孩子永遠是贏家。

你怎麼知道自己贏了？

當你玩遊戲時，會發生什麼事？你一開始處理的那個畫面，不會維持靜止。被擊敗的龍可能變身為滾滾江水，洞穴裡可能出現驚人的畫作。當你想像的肌肉回應這個夢的必要性時，你就與原來的夢境畫面保持著一種動態的聯繫，與此同時，新的夢境開始流動，新的畫面也會在你眼前展開（如果這種情況沒有發生，那可能意味著你太害怕了，或是你抗拒去看後續發生的事，或是你擔心自己在編造這些畫面）。出現的全新畫面可能會帶給你全然的驚喜，也可能會要求你回應它新的「必要性」。

透過這種方式，每個有意識的夢都會將你帶到一個地方，在那裡，這個夢的必要性會得到回應，然後你會再看到一個新的夢境組成。因此，按照提供給你的線索，你會步步往前進，過程就跟尋寶遊戲一樣。

如果你的線索要你爬上一堵高牆，你可以變出梯子來回應。你是在玩遊戲沒錯，但要讓任何真正的遊戲能夠玩下去，就得遵守遊戲規則。清醒夢的規則是，從一個畫面到下一個畫面的過程必須保持開放。這意味著，你必須放手讓夢本身掌控這個故事。當你抵達尋寶遊戲的終點時，它們會讓你知道。

如果你遵循這個簡單的規則，就永遠不必擔心個人的意志會影響或扭曲你的夢。如你所見，除非你把這種自主權交給夢，否則你將失去尋寶過程中所有的樂趣和刺激，像是尋找線索、解開謎題、跟隨線索前進。允許夢境心像充分展現創意，其實是簡單又自然的事，但一開始嘗試時，難免會覺得不安、不自在，甚至你會擔心是自己在左右這些影像出現，或是害怕自己「做得不對」。

帶著自信去練習，過程中，你的內在會跳出一個審查員試圖說服你「你現在看到的，不是你真正看到的」，這時候要毫不猶豫的去處理他。清醒夢是一種技巧，就像游泳與舞蹈一樣，都可以熟能生巧。

當你在夢境的某個時刻，突然出現一種強烈的「啊哈！」感覺，就知道自己找到寶藏了。你頓時感覺到無比輕鬆，可能還會產生一種輕飄飄的感覺。此時，任何新的畫面都會變得很強烈、令人感到慰藉。當舊模式重新布局，進入一個新組態後，你會覺得自己的整個存在都被觸動了。如果你能有效地回應夢的必要性，那麼，無論是夢中世界或現實世界，你的生活都會全然不同。

透過這個簡單的過程，練習處在當下，並回應夢的必要性。這麼做不但能幫助你找到解決你困擾的方式，還能教你如何自我療癒及轉化蛻變。

你是否在吐槽我是異想天開？雖然我的想法聽起來很神奇，但夢的實相雖然不同於外在世界的實相，卻同樣富有潛力，而且在夢中實相發生的事，會真實到足以讓你有不同的感受。一旦你體驗過它的效果，就會開始認可它的力量。

如果你依照我所描述的方式去深入你的夢境，要如何平安歸來？可以遵循拉比阿基貝的例子，他知道如何在夢境世界站穩腳步，所以等時間一到，就能平安回到**這個**世界。

練習。落實扎根，穩定自己

從你的橫膈膜呼氣，讓自己扎根在這個世界的感官覺知中：感知你坐在椅子上的身體，感知你的背靠在椅背上，你的雙腳扎實地踩在地面上，你的雙手安穩地壓在椅子的扶手上。然後，睜開眼睛，環顧四周。當你重新熟悉自己的身體與周遭環境時，保留新形態的夢所產生的畫面與感覺。這樣你就不會失去剛剛冒險時獲得的體驗。

一如拉比阿基貝，你已成功地踏入榮耀的夢中世界，做了你該做的事，並成功回來了。持續練習這種移動，直到你感覺到非常自在為止。在接下來的第五個任務中，你將開始一個全然不同的移動方式。這回，你不用在清醒世界中為你的夢中英雄提供武器，而是獲得一位女神的幫助，她是夢中聲音的化身，你將在清醒世界中使用她非凡的武器。

第4章練習快速參考指南

面對夢的必要性（p.134）

找出這個夢的必要性，然後閉上眼睛，呼氣三次，從3倒數到1，看到數字在倒數，看到數字1高大、清澈、明亮。回到夢中，用你所需要的防護裝備來武裝自己，然後去面對你要處理的夢境畫面。

落實扎根，穩定自己：從夢中世界回來時，要學會落實扎根，穩定自己（p.136）

注意你的感官覺知：你的雙腳踩在地上，雙手安穩地置於椅子扶手上，背部緊靠著椅背，臀部沉坐在椅子上。呼氣一次，然後睜開眼睛，覺察到你所有的感官覺知，同時，在睜眼狀態下看見你的夢境畫面。

第5章

英雄的夢中劍

逆轉回溯技巧的全方位凝視

你們要轉向我，我就轉向你們。
——《瑪拉基書》3:7

我們習慣把**所有的**夢都視同睡覺時做的夢，這不是毫無道理的。但事實上，我們是在睡眠與清醒之間的半夢半醒狀態下，在放鬆地躺著、斜倚著、無拘無束的狀態下，記起自己的夢（後續我們將學著如何訓練自己在深眠或完全清醒時，都能覺知到夢境）。當眼睛失焦迷濛時，我們會開始做白日夢；而當我們半夢半醒之際，臨睡心像會蜂擁而至，把我們淹沒（見第一章）。

那些生動逼真、截然不同的心像，就像海浪拍岸一樣，沖刷著我們半闔半開或閉上的眼皮。看著那些影像時，我們似乎還保留著幾分意識，但隨時都可能徹底失去意識。一旦我們沉入睡眠，大水便將我們淹沒，把我們與意識心智分開。對大多數人而言，不知不覺一夜就過去了。唯有在睡眠變淺、快要醒來時，我們才會依稀記起夢中的一些影像。

我們那年輕的英雄，也就是那個英勇的意識心智呢？他已經出發去挑戰睡眠的遺忘關卡。當他騎著馬去對抗那個守護夢境世界及其中奧祕的黑騎士時，他是在進行一場不可能的挑戰嗎？年輕的英雄手中只有一把寶劍用來對抗虛無，而意識配備的武器再鋒利，也無法穿透那道特殊的牆。

這一次，英雄無法沿用第四章的方法，把夢帶到清醒世界來解決。這一次，英雄必須在夢境的地盤上，直接面對夢的必要性。他極有可能節節潰敗，因為他身上沒有可以用來對付睡眠的武器。眼見著他即將墜入遺忘的深淵，或像亞瑟王故事所描繪的，即將被黑騎士砍頭，就在此時，梅林（我們內在「看見」的能力）出現在亞瑟王（我們）身邊，提醒他（我們），只要他能靠近平靜的沉睡之湖，並凝神留意，就會獲得另一件武器。

瞧，有一隻白皙的手握著一把劍從水中伸了出來！湖中女神，夢境水域的主宰，伸出手臂穿過那層紗，不是給亞瑟王一個擁抱，而是遞給亞瑟王一件他能夠握住的驚人武器。這把夢中劍，意味著什麼？

我們認為意識就像一把劍，是銳利的、有判斷力的。做夢時也有這樣的敏銳性嗎？有沒有一種我們可以掌握的夢境意識，能夠穿透日常世界的幻象？現在，英雄已經有了一把夢中劍了，他要如何在日常生活中精準地握劍揮舞？如果我們和他一樣也學會好好掌握這把劍，成為使用它的高手，我們能如何從中獲益？

一個反轉的世界

還有什麼比夢更難以捕捉的？你以為已經抓住它了，它卻轉瞬消逝得無影無蹤，只留給你一種想重新抓住夢的渴求，盼望著再度沉浸於它的懷抱中。在你的心智中，並不存在真正的面紗、迷霧或黑暗，能讓你把夢的消失歸咎於此，只不過在醒來的那一刻，隨著你的頭腦快速塞滿與眼前新一天有關的種種念頭，夢境所在的內在螢幕會開始清空，最終往往變成一片空白。

你還能捕捉到夢中影像的時刻非常短暫，以至於你不禁擔心自己可能永遠都沒機會獲得那把夢中劍。你是否試過抓住白天變黑夜，或第一道曙光劃破黑暗的那個確切時刻？當太陽開始升起，你還沒來得及意識到，就已經失去了黑暗，注視著前一秒鐘還完全不存在的種種形體。或者，太陽西下，就在你即將墜入黑夜之際，你倏忽失去了前一秒鐘還看得到的各種形體。

為了幫助你，讓你對有意識地觸及到自己的夢境更具信心，我們來玩個遊戲吧。

練習。轉換位置

站在鏡子前。當你凝視著鏡中的自己時，讓自己成為鏡中的那個人。從地理空間來看，你與鏡子裡的自己位置互換，站在鏡子裡向外看著鏡子外那個真實的你。現在，再次轉換位置，從鏡子裡出來，如平常一般感覺到在自己的身體裡，同時繼續凝望鏡中的自己。這樣反覆做幾次，同時注意自己的感覺。

好玩嗎？或是覺得有點詭異？你是否很容易就「放開」自己、轉換成功，還是感覺這個練習有難度、很新奇？雖然你以為自己從未玩過這個遊戲，但就像做夢一樣，你在小時候其實就已經很自然的會這麼做，現在也還是如此，無論你是否有覺察到。

對這種轉換保持更高的覺知，會幫助你更善於抓住從清醒到睡眠、再從睡眠到清醒的瞬間。你會發現，唯有藉由有意識地體驗這種轉換，你才有可能騙過夢中世界，讓它放棄它的寶劍以及依附在劍上的祕密。

那個夢中的你，就像你進入鏡子之後的雙生形象。當你化身為鏡子中的影像時，你所感受到的，就與做夢的情形一樣。做夢，是意識具體化的逆轉過程。就像光定義了黑暗、而黑暗也定義著光一樣，夢與意識也是互相定義彼此。正如希臘神話中的孿生神靈卡斯特（Castor）與波爾克斯（Pollux），其母親王后麗妲受孕時同時懷了兩個男人的種，卡斯特是凡人廷達瑞斯（Tyndareus）之子，而波爾克斯則是天神宙斯之子。這兩個版本的我們，代表了我們的天堂與人間。

我們的意識心智（人間）主動、專注、自作主張、任性、敏銳、尖刻、疏離又充滿批判；而我們的夢境心智（天堂）則悠閒、放鬆、包容、被動、流動、接納、寬廣、包羅萬象。意識心智會攫取、指揮，透過排除法以線性方式前進；而夢境心智則消融、質變，往前方或往任何方向跳躍而行——就像西洋棋中無所不能的皇后。

在夢中，一切皆有可能，種種形狀就如同天空的雲般聚集、變換。在意識世界裡，我們必須去對抗明確的障礙，努力去克服，好讓自己成長；而各種限制則預設了密度、重量與時間。在夢中世界，沒有密度、重量，也沒有時間，或許同樣會有障礙，但我們的努力是**當下**的。

想像一顆巨石擋住了你的去路。在夢中，你只要手指輕輕一彈，輕而易舉就能讓石頭滾開，就像一陣風吹散雲層。在夢中世界，改變就在一瞬間，這樣的自由是迷人的。那麼，什麼是它的劍？

夢中劍的真相一擊

夢中劍對意識心智的作用，就像漁夫的魚鉤對夢境心智的作用一樣（見第三章）。在夢中，當難以捉摸的夢境心像咬住魚鉤時，你的意識心智會抓住它，將它拉進完整的意識版圖中，以便把它嵌入記憶或寫在夢的日記中加以修補或處理。

夢中劍，是如何發揮作用的？根據夢境世界的法則（放鬆），這把劍要往後躺平，像水面一樣平（逆轉），並提供其光亮的表面讓人凝視沉思（鏡面）。當你凝視光滑如鏡的水面，在那個當下，你所尋找的心像就會被拋向你，其真相未加任何修飾，就像劍一樣鋒利。

請注意，你所面對的心像，正是你向內看的回應，因此它屬於你，是「你的心像」。它來自你的內在世界，可能會以你的樣貌來呈現，也可能提供內在世界的任一種感官表徵，可以是某種聲音、氣味、觸感、味道、看得見的形狀，或這些感官的任一組合。當然，在你察覺的下個瞬間，你可以抹去或改變這個心像，以滿足你的虛榮心或期待，但如果你這麼做，就會冒著陷入幻想的風險，而不是繼續留在尋找真相的主要軌道上。

因為，真相早在第一次見面時便被揭露了，就像彈跳玩具（打開盒子馬上會跳出玩偶）一樣，在你毫無防備之下突然出現在你面前，無論你用什麼方式想把玩偶再塞回盒子裡，都不會改變它分毫。你已經「看見」了，真相的種子就此埋在你的心中。

夢中劍，就是你的真相。它像個優秀的決鬥者，擅長出其不意的讓你猝不及防。它會專挑你的弱點下手，一擊即中！剎那間，一切都變了，你已經被劍刺中了。也許你在夢中看到的是另一個你，一個比你想像的更小氣或更愧疚的你；或者，你夢到了一個答案，回答了長久以來一直在糾纏著你的問題，但答案與你想要聽到的不一樣。

一旦把你的感官轉向內，真相會像鏡面反射般直視著你，有時候它帶來的衝擊如此巨大，彷彿就像心臟中了一箭；但有時真相又如此低調，直到後來你才意識到它的傷害。我們把這種暗示稱為「直覺」或「內在聲音」。

無論哪一種方式，你覺得自己能逃避真相洞若觀火的洞察力嗎？你可以在第一時間否認它提供的訊息，或說服自己並沒有真正「看見」。這很容易，因為就像所有的夢境片斷一樣，訊息總是稍縱即逝，不會逗留太久。它必須在那一瞬間成功地給你留下強而有力的印象，如果它沒能做到，只有兩個結果：其一，你的心中會充滿不安，感覺似乎有些什麼是你應該留意的；其二，它會從你的意識中完全銷聲匿跡。

你可以再度注視夢境心像，期待接收到不同的訊息，但夢既已知道提問者是誰，同樣的問題再問一次，只會讓它變得更難對付，而且它更可能給出一個迎合你心意的幻象。到頭來，你總是可以回去改變或操縱心像，以符合你對自己的虛假設想。畢竟你是造夢者，不管你喜不喜歡，你都是創造出這個故事的人。即便你扭曲了夢境，上面還是簽了你的名字。每一個在鏡面上向你展現的模式，都是你。

然而，拒絕接受來自鏡子的第一印象，會讓這個過程變得格外費力。你另外選擇的幻象會讓你偏離，你會離真相越來越遠，走進與真相**相反**的死胡同。最終，為了找出真相，你將不得不以許多的痛苦、努力及時間為代價，還要加上悔不當初的懊惱——早知道一開始就應該傾聽「內在的聲音」。遲早，夢中劍的揮舞一刺是逃不掉的。

緩慢而謹慎地，一層層剝開真相

掌握真相對我們來說是最好的，但同時，真相也是危險的，很少有人能夠平靜地處理好它。只有初生之犢、傻子或想成為英雄的人，才會魯莽或大膽的去把面紗撕破，勇敢去挑戰守護沉睡之湖的黑騎士及掌管沉睡之湖的女神。

與黑騎士對決，要冒著被他護守的洞察力所擊倒的風險。類似的例子，是《星際大戰》裡的路克天行者，在他砍掉敵人黑武士的頭顱後，卻驚恐地發現與自己面對面的，就是他自己。

另一個例子是希臘神柏修斯。他比路克天行者更聰明，即便全副武裝又得到諸神的高明指引，但在砍下女妖美杜莎的頭之前，他絲毫不敢大意，並未直視女妖那張致命的臉。因此，他得以避免被有關自身「醜陋」的真相嚇到，變成石頭。

在砍下美杜莎的頭之後，柏修斯把頭丟進黑色袋子裡，也遮住了女妖令人驚歎的美貌。柏修斯與真相玩起了捉迷藏，就像伊甸園裡的亞當與夏娃，在吃了分別善惡的禁果後，一直躲著上帝。因為對我們來說，真相就像這個著名的果實，既善且惡，必須謹慎處理。

黑色袋子、黑騎士、沉睡、遺忘、盲目……就像喪家蒙在鏡子上的一塊黑布，女神這個令人畏懼的守護者也是如此保護著**我們**，好讓我們遠離太驚人、太痛苦與太可怕的真相。誰想在毫無防護的情況下，揭開自己的盲目之紗呢？

我們必須一層一層地靠近真相。正如《塔木德》的故事告誡我們的，如果一夜之間把洋蔥剝到底，隔天早上我們就會死去。沒有人可以突然直視著神的臉之後，還能如常活著（即便我們是依著神的樣子創造出來的）。那麼，考量到自身的脆弱性與自我價值，我們要如何訓練自己緩慢而謹慎地一層層把皮剝開呢？我們要如何與真相為友呢？

湖中女神的恩賜

雖然真相在我們眼中可能是可怕的、嚇人的、邪惡的，或是好得令人難以置信，但這只是我們的看法。真相就是真相，沒有好壞之分，它只是我們內在那面鏡子的反射。真相不是我們的敵人，只是在我們的欲望、期待、虛榮與恐懼太多時，它們會孩子氣地任性遮住鏡子，讓我們看不見，並扭曲了真實的影像。

顯然，湖中女神希望我們一切安好。她所轄管的地界，是象徵理解、洞察力的「畢納」（Binah，卡巴拉「生命之樹」的第三顆圓球）。這一點可能會讓我們感到驚訝，因為我們向來把陰性特質與所有甜蜜、溫柔與愛的事物聯想在一起，而洞察力則帶有幾分疏離、冷靜與評估的意味。正是在女神所賜予的洞察力中，夢中劍的力量得以釋放。但是，她並不是將這把劍做為一個帶有攻擊性的挑戰交到我們手上。這把劍是恩賜、是禮物，不管我們是否有足夠的歷練與眼光來看出這點。當我們準備好要接受真相時，真相就會像蜂蜜一樣甜蜜。

事實上，湖中女神遠遠不是敵人，當英雄的劍在與黑騎士對戰中斷成兩截時，她將自己的劍獻給了英雄。而英雄為了拿到劍，必須穿越沉睡之湖，來到女神高舉著劍的雪白手臂前。

「你若變成湖水和握劍的手，就可以得到我的劍。」女神似乎這樣說著。這是她要的詭計嗎？如果英雄「變成」湖水，就會被吞噬進黑暗的湖水中。梅林——我們年輕、富有想像力、可以「看見」的那一面，就站在一旁，每當我們想諮詢他時，他總會出現。他會告訴英雄一個簡單的方法——湖邊的蘆葦中藏有一艘小船，圓形的船身像一個聖杯或一雙環抱的手臂，那是夢中女神的另一份禮物。英雄要如何上船，然後讓船像繭一樣地包覆住自己，悄然划過這片深不可測的湖水？

很簡單！你現在已經意識到夢中世界的反轉特質，也知道「轉換」是什麼感覺了。既然如此，何不試試「轉換」的作用，有意識地調整睡眠的姿勢來欺騙睡眠呢？在清醒與睡眠交接的那個模糊地帶，躺在床上，彷彿置身於小船上，允許自己變成做夢的那個人，當意識凝視著你的鏡子時，你也以俯臥的姿勢帶著覺知察看。

沉入做夢的身體姿勢是：仰躺、放輕鬆、閉上眼睛。想像一下與這相反的姿勢：站著、準備移動、眼睛睜開。透過有意識地採取做夢的姿勢，你在誘使意識清醒的自己回到夢境裡，就如同在你還是嬰兒時，你的母親會以碰觸、聲音和刺激等方式，引導夢中的你進入意識清醒的狀態。

就在你還清醒著，但即將進入夢鄉的這一刻，去觀察你的意識是如何像漩渦般地流向夢中的你。身為主動的接收者，做夢的你完全「知曉」（我使用的「知曉」，是沿用《聖經》中用來指稱一種完全體現的經驗）自己正在如實地向你的意識心智反映著一天的展開，就像錄影帶倒放一樣，從此刻倒回早上的起始點，也就是你在日常世界醒來的那個時間點。

當意識重新回流到你身上時，請將自己視為古埃及天空女神努特（Nut）的門徒，她每天晚上都會把太陽吞進她黑暗的懷抱中，並在黑暗中消滅所有雜質，像篩子一樣從白天經驗中篩出金塊。這樣做，你就把自己誘騙出了那個非常熟悉的「意識清醒的你」，重新回到女神的懷抱。你變成了正在觀察你的另一個自己，那是你的孿生兄弟。你對「意識清醒的你」的體驗，已經從原本那個分離、分化、客觀、二元性的覺知，轉移到一種體驗、包容一切、自我接納、做夢般的知曉。

練習。逆轉回溯

今晚在床上試試這個練習。關燈，躺下，閉上眼睛，完全放鬆，同時看著自己放鬆下來。當你覺得非常沉重，或是輕到幾乎要飄浮起來時，開始回顧你這一天。觀看時，允許所看見的一切逐漸沉澱下來，不批判、不評論，只是如其所是的去看它們是什麼。

關燈前，你正在看書嗎？如果是，請「看著」你自己正在看書，並辨識看書時湧現的各種念頭。上床前，你刷牙了嗎？倒帶回去——上床↓走出浴室↓刷牙。辨識出在刷牙時，隨之出現的感官覺知與各種念頭。就按這種方式，倒帶你這一整天的所有活動。回到你今天與青春期的兒子（或妻子、上司……）在樓梯上發生衝突的那個時候，但現在的你不再與兒子對峙，你（夢中的你）正從外面看著自己與兒子互動。

想要充分理解逆轉回溯與位置轉換在體驗上的價值，請善用你在夢中世界的自由。想像一下，你走上前去，腳踩進與你發生衝突的那個人鞋子裡，進到對方所處的位置，從他的視角來看你自己。此時此刻，他／你變成你夢中世界的鏡子。你將從他的觀點看見自己的樣子、自己如何移動，以及自己的行為舉止，同時也知道他對你有何觀感。

這是你前所未有的體驗，你從來沒有以這種方式看過自己，因為你總是忙著做那個清醒的自己，一心認定自己在這個世界的身分。現在，你開始讓夢中那個無拘無束、腳步輕盈的你，像西洋棋中的皇后一樣來去自如，隨心所欲地移動到任何位置，以獲得一個更理想的視角來反映真相。你是在**體驗**真相，而不是評判它。當你以這種方式體驗時，從中學到的所有精髓都將在你之內沉澱，留下不可磨滅的印象。我們稱此練習為「逆轉」或「良知倒轉檢驗」（Exam of Conscience Backwards）。它會帶來卡巴拉學家所謂的「舒瓦」（Tshuva），一般翻譯為「懺悔」，但它真正的意思是「轉向」離開，讓我們得以擁有一個全新的視角。

將超脫做為一種夢行策略

說說看，一旦試過了，你是否覺得，握住夢中劍，比起因為它帶來的傷害而震驚與備感折磨，要來得更容易些？這個傳說故事告訴我們，手執夢中劍並佩戴劍鞘的英雄，會再收到另一份珍貴的禮物：從此他的傷口再也不會流血。現在他正處於做夢的位置，正在如其所是的體驗著真相。他已經學會抽離來「看見」，這是距離與另一個世界的視角賦予他的能力。

但是，這種抽離的超然態度，通常不是被視為一種智識上的操作，是意識將自己拉開距離並保持客觀的能力嗎？脫離黑暗帶來的主觀及全知體驗，邁進光亮的世界，這是一種太陽神阿波羅式的特權。意識高坐在另一個寶座上，像所羅門聲張正義那樣，以神的形象分開天與地、日與夜、水與陸地……

「我思故我在」，笛卡兒的這句名言，為科學探索建立了客觀的哲學基礎，但你可知道，這句話是他在夢中聽到後寫下來的？如果夢也能帶來距離，那麼，這種做夢式的超脫與有意識的客觀化之間，有什麼不一樣呢？

看看努特女神。她的身體就像裝滿星星的巨大方舟。她不客觀，她只是凝視。正如「凝視」（consider）的拉丁字根告訴我們的，com 加上 sidereal 的組合，意思是「與眾星合一」。星星散布在天空中，發射光芒到我們這個二元對立的世界；而努特女神的身體就像穹形的圓頂，在上方罩護著星星和我們，在她具有療癒力量的黑暗中，擁抱著我們的困難並加以消融。

這麼想吧！做夢就像蜻蜓一樣，可以同時把自己停在任何地方，或是停在球體圓周上的任一點，為了更好地體驗它的焦點，甚至可以停在球心上。因為擁有超強的機動性，做夢允許我們從無數的星星角度來凝視。

從笛卡兒對於夢與科學探索的經驗中，可以清楚看出，意識與夢是相互需要的，就像黑夜與白晝不能缺少彼此而獨自存在。當意識跨越夢境，從主觀性跳到客觀性，與此同時，夢境也跨越意識，在它寬廣的凝視中，有意地留下我們許多意義不明的體驗，再將它們轉化為一個生機盎然的矛盾世界。

七年不間斷的練習，你便能開悟

我的老師柯列常說，如果用七年時間，每晚不間斷地練習「逆轉回溯」，你再也不需要其他指引便能開悟（從此你可以活在靈性之光中，超越黑夜與白晝，超越所有的二元性，兩個相異的世界在你之內合而為一）。如果你拿起了夢中劍，你就擁有了一個強大的武器來消融你的日常幻想和矛盾。所以，練習、練習、再練習！

剛開始時，你可能只回憶到離開浴室就睡著了（練習逆轉回溯是不靠藥物治療失眠的妙方）。接下來，當你可以逆轉回溯到更多當天發生的事時，可能會因為太過無聊而再次受到打擊。當你細細檢視當天所發生的事，你也將發現，要放棄評判和指責的習慣非常困難。

漸漸克服了無聊後，你會開始發現，自己被夢之網所捕獲的那些如金塊般的洞見所照亮。堅持下去，即便是金塊，也不要被它們所誘惑而就此停頓。假以時日，你會發現自己連白天都能成功逆轉了，或許就發生在你與青春期兒子（或妻子、上司）爆發衝突前的那一刻。

一擊中的！你已經能夠在某個生活情境中抓住那關鍵的瞬間——在那個片刻，你幾乎失去理智而沒有能力選擇自己的行動，只能無助地被拖進盲目的本能或反射式的行為中。而盲目的本能與反射式行為，其實只是心理遺忘或忙碌的其他形式而已。

舉個例子，想想睡眠或清醒意識如何輕易地將你帶離那些得來不易的真相心像，讓你陷入遺忘或忙碌之中。無論何時，只要你能夠在活生生的當下，有意識地驅使做夢的自己，你便已經抵達了一個關鍵時刻，一次讓你可以好好做選擇的暫停。你是決定繼續走慣常的老路，還是選一條「人跡罕至的路」？你能對遺忘和忙碌說「不」嗎？

你回到了開始之處，現在的你有智慧多了，但還是得繼續跟黑騎士面對面。你已擁有夢中劍的承諾，但是再次戰鬥之前，如果可以盡可能地了解你的本能世界（亦即你的敵人黑騎士），不是更好嗎？他是誰？他如何行動？他如何戰鬥？你能揭開他的面罩嗎？這將是你的第六個任務。

第5章練習快速參考指南

轉換位置（p.141）

站在鏡子前。當你凝視著鏡中的自己時，讓自己成為鏡中的那個人。從地理位置來說，鏡中的你正往外看著鏡子外面那個真實的你。接著再轉換位置，回到你平常的身體裡。如此反覆練習幾次。

逆轉回溯（p.149）

這是重要的關鍵練習之一，每天晚上都要做，不要中斷。入睡前閉著眼睛躺在床上，回顧你這一整天的活動，就像倒帶一樣回溯。當你來到與某個人發生衝突的時間點時，試著站在對方的角度及位置來看你自己。當你看清自己的所有言行後，再回到你的身體，繼續回溯這一天發生的事。

第6章 回歸感官

探訪你的身體

我的老師巴爾・謝姆・托夫（Baal Shem Tov）向我揭示，
當一個人遭受痛苦時，無論是身體或精神上的，都應作如是想：
即使在痛苦中，也能找到上帝。上帝只是被隱藏在痛苦的外衣底下。
理解到這點，他便能脫掉這件衣裳，而痛苦與所有惡法都將失去作用。
——拉比雅各夫・約瑟夫（Yaakov Yosef）

每一天，太陽都會落到地平線下，整個世界陷入黑暗。每一天，我們的身體也被拉進黑暗中，所有的感官終會如同蠟燭熄滅般關掉。是誰讓我們關掉的？人類的身體就像羊群一樣，緊緊跟隨著天上那位偉大的牧人。我們那宛如驕傲的阿波羅般四處征戰的意識，現在也偃旗息鼓了。在放鬆進入沉靜後，我們被隱藏的敵人擊倒——黑騎士用他的外衣遮覆著我們。

帶著不妥協、不憐憫、不動搖的意志，他用自己唯一的武器——本能——來征服我們。我們可以與他纏鬥、拒絕被消滅，或者整晚撐著不睡，但他終究會回來，比我們的意志更強大。無論外面是白晝或黑夜，我們心智中的太陽遲早會消逝，然後黑暗升起，我們會被征服。

那麼，我們面對的是何方神聖？他不只在睡眠中封鎖了我們的意識，還扮演「減壓閥」的角色，將時時刻刻都在轟炸我們的訊息，圍堵在我們的覺知之外。

是什麼創造了海洋的潮汐、波浪、暴風雨般的黑暗，或波光粼粼的平靜海面？答案當然是太陽、月亮、地球、季節與天候之間的相對引力。但是，又是誰命令海洋以各種方式移動和變化呢？沒有人。海洋所依循的，是地心引力、風、溫度與地殼變動之間的相互作用。

我們的身體亦然，同樣是依循自然的宇宙法則，它吸入、排出空氣，透過血管來輸送血液、分解消化食物，好讓營養被不同器官吸收，並不斷收集和清除身體在製造能量的代謝過程中所產生的許多廢物。

是誰告訴身體應該怎麼運作的？沒有人，就算有這樣的人存在，也是深深隱藏在身體的潛意識裡。人體的自律神經系統就像一頭被綁在旋轉輪子上的野獸，有它自己固定的運作規律，命令著身體做出維持我們生命的簡單活動與本能。

想要防堵、壓制或扼殺它，它會報復性反擊。呼吸、進食、睡覺、活動，這些都是支配我們的事。就像法國人所說的：「把本性趕走，它又會跑回來！」他們對人類動物性那一面所提供的愉悅，總能以健康的心態來欣賞。

就像埃及神話的冥王歐西里斯（Osiris）被邪惡的弟弟賽特（Seth）騙進棺木，隨即被活生生的封住，我們的靈魂也被騙進了稱為肉體的棺木中。我們的動物性身體，像狗一樣忠誠的為我們服務，並弔詭地成了禁錮我們的獄卒。誰能把我們從它的囚禁中解救出來？什麼樣的男女英雄，會在什麼樣的必要刺激下，將我們從本能身體的黑暗中解救出來？

從解體到新生

在平靜的表象下，我們身體的自主運動看起來是規律的、可預測的、不變的。就像所有動物一樣，我們的身體也是習慣性的產物。它只認得內在生理時鐘有規律地滴答作響，而這個內在的生理時鐘又受到宇宙時鐘的調節。

中國針灸師早已觀察到人體每一器官（心臟、肺、腸、腎、脾）的生理時鐘，它們有各自的特定節律。在一天二十四小時的週期中，各個器官會在不同的固定時刻達到其活動高峰，或下降到衰微期。如果說身體是你的地球，那麼各個器官便是分布在全球各地的不同國家，當黑夜降臨腸道時，同時間太陽會在肺臟升起。因此，在身體每天繞著太陽公轉的過程中，每個器官都經歷著各自的正午與午夜，而在歷時一年的公轉過程中，每個器官也會隨著四季嬗遞而興盛或衰弱。

身體的種子（也就是細胞）會歷經出生、成長、繁殖及死亡，然後由其他新細胞取而代之。每七年（另一個大週期的結束），身體的所有細胞最終都會死去，再由新細胞取代。從開始到結束，身體的軌跡就像夜空中的星座一樣，穿過固定的星群：孕育、出生、成長、成年、衰退和死亡，如同一棵樹從種子到幼苗，再到成株，然後由盛而衰，慢慢凋零枯萎，最終走向死亡。

偉大的埃及冥王歐西里斯也正是因為這樣，才在弟弟「限制之神」賽特的手中淪落到只剩下一具血肉之軀，被推進尼羅河中漂流。被困在棺木中的歐西里斯順著尼羅河往下流，棺木最後嵌進了樹幹中，由於此樹幹長得非常完美和強壯，以至於比布洛斯（Byblos，今黎巴嫩）的國王看到後，就將它運到了王宮做成了頂梁大柱。

如果不是愛希斯（Isis）——歐西里斯的妻子、孿生妹妹、愛人、和他在子宮中做夢與做愛的女人，歐西里斯會永遠待在王宮的柱子裡。即便歐西里斯處在如死亡般的昏迷中，我們仍能感受到他與愛希斯分離的痛苦，就像一頭無法言語的野獸所承受的痛苦那樣模糊又沉重。但，她到底是誰？

正是愛希斯來尋找歐西里斯的。她用計進入那個用歐西里斯身體建造的王宮中，接近他、喚醒他，把他帶回埃及。然而，很快的，邪惡的弟弟賽特就發現歐西里斯回來了，於是故技重施，迫不及待地將哥哥的身體支解，隨風散去。現在，愛希斯必須再一次地找回她的丈夫，而被支解成十四塊的歐西里斯（每一塊都在不同的時間滴答作響）看不見她的存在，也聽不見她的呼喚，他失去了對伴侶的所有記憶。

愛希斯再一次找到了歐西里斯，她把散落各處的身體部位重新組合（re-member，也有記起的意思）起來，以便讓他的創造力重新復活。

像許多睡美人一樣，我們也被困在歐西里斯的神話裡。就像《綠野仙蹤》裡稻草人需要腦袋、錫人需要心臟、獅子需要勇氣，我們也需要奧茲國的魔法師賜予我們已然擁有卻早已被遺忘的能力：飛翔、變身，以及跺跺腳跟就能瞬間移動到想去之處的自由。愛希斯就是我們的魔法師、我們的大地之母，以及我們夢境中的女神。單憑她一人，就足以讓我們的黑夜變得生動有趣，恢復我們的自由。但是，如果我們不能觸發她，讓她重新動起來（因為按照定義，我們是睡著的），又有什麼能觸發她呢？

痛苦是我們的嚮導

如果沒有人發動車子，車子要如何移動？顯然，這是不可能的，但那空著的座位最終還是會吸引到一位駕駛。愛希斯也是如此，歐西里斯的遺忘，正是對她的召喚。她對啟動引擎的極度渴望，架起了一座回去的橋梁。

愛希斯失去伴侶的痛苦指引著她，就像所有遭受墜入自然秩序之苦的偉大眾神與英雄們，也在痛苦中得到指引：豐收女神狄蜜特（Demeter）尋找女兒波瑟芬妮（Persephone）；奧菲斯（Orpheus）試圖進入冥界帶回愛妻尤麗狄絲（Euridice）；亞當與夏娃尋找失去的伊甸園。這樣的痛苦也在引導我們、催促我們、激勵我們，去尋找我們痛苦之源的地下世界。痛苦是我們的嚮導，也是瓦解事物自然秩序的衝擊。

然而，你是否注意到，痛苦首先會模糊我們的感知？處於痛苦時，我們會想要屏蔽這整個世界，耽溺於本能的麻木中。

那麼，由痛苦帶來的那個充滿希望的洞察力又在哪裡呢？黑騎士仍然屹立不倒，無人能敵。痛苦會使我們一蹶不振嗎？還是會成為我們的聖杯騎士帕西法爾來拯救我們？即便在痛苦中，我們仍在黑騎士的領地內，呼吸、進食、移動、觸摸、看、聽、睡覺都在以本能模式運作，但痛苦會打破這種本能模式的千篇一律，擾亂它的固定節奏。

在大地震來襲時，海洋會持續形成波浪，但這個習慣性的回應如果過量的話，海水會後退到極遠處，然後爬升到海嘯般高度的滔天巨浪。同樣的，當我們被痛苦（無論是生理上、情感上或精神上的）重擊時，我們慣常的節奏也會發生劇烈的變化，擾亂黑騎士原有的平靜。我們的呼吸變淺、食欲下降，大白天就以胎兒姿勢蜷縮在床上，耽溺於過量的本能行為來保護自己。

當黑騎士看似勝利在望時，我們亢奮及低潮的行為都在向愛希斯發出警報，提醒她出手相救。那麼，她需要做些什麼，才能阻止我們屈服於身體的盲目力量呢？

夢中女神的雙重策略

一如往常，方法總是比我們想像的簡單多了。事實上，那是一場小孩子的遊戲！身為夢境世界的女主人，愛希斯找的不是疲憊不堪的成年人，而是小孩子。她的小幫手們有一雙靈動的眼睛，充滿了頑皮的好奇心。沒錯，這群孩子已經「聽聞」了歐西里斯經過的傳言，也「看見」了包覆著他身體的棺木順著水流漂向比布洛斯城。

他們不受想法和懷疑的束縛，第一個策略就是展現敏銳度與創造力，將自己的感官轉向內。在發現大自然為我們安排的路徑後，他們引導著愛希斯進來，提醒她在前進的路上要隨機應變、即興發揮——此為第二個策略，也就是帶著玩性，用嬉戲的態度去解決及回應她遇到的任何事情。

我們要如何像他們一樣，及時瞥見被我們的本性之網緊緊抓住的隕落星星，一路追根探源到它們的源頭，並在那裡喚醒我們的想像力呢？這就是我們所面臨的難題：想像力深藏於我們的本性之內，藏得比本能還要深，那是屬於潛意識的地下世界。

在我們的天性中，在歐西里斯的黑暗裡，埋藏著靈感的種子、光的火花，需要被我們內在那個「看得見」的孩子聚集起來並點燃，以便最終能征服黑騎士。放心吧，這比你想像的還要簡單。你準備好了嗎？

逆著痛苦之流而上……

將人生與隨之而來的考驗，視為一條純淨的溪流，從山頂潺潺流下。想像你光著腳踩在水裡，逆流而上，走向它的源頭。在那裡，你會找到並喝下想像的純淨之水，讓你舒爽暢快，煥然一新。

愛希斯的旅程，就是像這樣逆著痛苦之流而上，這條痛苦之流可能會把她往下沖向無邊無際的汪洋。對源頭的渴望催促著她，一路上，清新的氣息、呢喃的低語與汨汨泉水引導著她向前走。

被大自然力量所淹沒的歐西里斯，跌落到一條無意識流動的溪流中，不知道愛希斯就在附近。她的感知、她的視覺、她的嗅覺、她的聽覺都在指引著她，為她開路，推動著她前進。這些感官覺知都是她的僕人，是她在比布洛斯王宮附近刻意結交的，因為她知道這些忠誠的僕人會帶著自己進入王宮。

同樣的，我們的痛苦也將指引我們回到痛苦的源頭，而我們的僕人（也就是我們的感官覺知）會幫助我們踏入王宮。你想試試嗎？

練習。看見身體、情緒或精神上的痛苦

閉上眼睛，呼氣三次，從3倒數到1，清楚看見這些數字在倒數，看到數字1高大、清澈、筆直、明亮。現在，去覺察體內的某個疼痛之處，可以是身體上的疼痛，也可以是情感或精神上的痛楚。你只需要找出它的位置在身體的哪裡。

然後，想像你將眼睛轉向內，目光往下來到痛苦的源頭，用你的內在之眼「看著」它。它看起來是什麼樣子？什麼顏色？什麼氣味？有紋理或摸起來的觸感嗎？是冷的或熱的、是紅腫或暗沉的、是濕的或乾的？把你所「看到」的關於這個痛苦的所有細節描述出來。當你真的「看見」時，對痛苦的源頭來說，你的想像力會變成真實的。

當痛「被看見」時，「被看見」的必要性將會驅使你的想像力對所「看見」的痛採取行動。例如，你的痛可能是發炎紅腫、潮濕，那麼你會如何處理這個痛的必要性呢？像孩子一樣即興發揮，看看以下這個例子。

練習。清除炎症

呼氣三次。想像你用一團純白的棉花擦掉紅腫、潮濕、發炎的顏色，直到整團棉花都被浸透了。然後，把棉花從你的左肩往後丟，它就這樣不見了！當你再看時，疼痛的那個部位變得乾淨而明亮，疼痛消失了。接著呼氣，睜開眼睛。

在這個練習中，你要隨時記住你的身體就像你想像的藍圖所設想的那樣：潔淨、健康、充滿光。

重新喚醒想像力的完美身體

現在你已經知道，正如英國詩人威廉．布萊克（William Blake）所說的，「人的永生之軀是想像力……是上帝，那神聖的載體」，以及「我們是祂身體的一部分」。既然如此，你一定不會只想讓身體某個垂死的部位復活，而是渴望讓想像力把當初賜予我們的完整身體都重新恢復過來，不是嗎？難道你不想像愛希斯那樣，被驅使著去把冥王散落在各處的十四塊身體部位找回來，並重新組合（re-member，「記起」的雙關語）起來？或是你太害怕痛苦了，所以寧可哄它陷入沉睡？

換個角度來看，你能否把痛苦視為祝福，而不是干擾？或是視為一條通往不可思議的新見解、新可能性、新生命之路的入口？你能否找到一種方式，去敞開歡迎任何形式的干擾，將它們視為在有瑕疵的肉體之內，「看見」並「重新喚醒」想像力的完美身體的機會？

除了你，沒有人能做這個工作。就像愛希斯一樣，只有她能找到並辨識歐西里斯每一塊四散的身體部位。每當你經歷某種痛苦或混亂時，它最先出現的地方不在你的頭腦，而是身體。當你受到攻擊時，你的身體會縮起來、激動、虛脫，而你的大腦會發射比平常更多的神經元。

因此，不要浪費時間，趕快回到你身體疼痛的確切位置。探索它、「看見」它，然後做它需要你做的事。當你越來越駕輕就熟後，不僅會在痛苦誘使你盲目行動之前就能認出它來，還能把更多的光帶入布萊克所說的完美身體。但是，你能否完全照亮你自己的身體呢？

愛希斯不知疲倦地尋找著丈夫的十四塊身體部位，但無論怎麼找，就是少了一塊——代表再生能力的陽具不見了。愛希斯發揮她的想像力，再加上古埃及智慧之神托特（Toth）的知識，用黃金製造出一個完美的替代品。黃金是鍊金術石，代表知識與創造力的結合。

愛希斯跨坐在丈夫勃起的身體上，從而受孕懷上了荷魯斯（Horus），一個完美的孩子。我們也一樣，如果能夠以敏捷性及創造力去探索自己的身體，也能賦予我們內在的完美孩子——想像力——生命。這並不難做到，唯一的障礙是昏睡。所以，把昏睡往左邊推出去，開始你的練習吧！

練習。探訪你的身體

閉上眼睛，呼氣三次，從3倒數到1，清楚看見這些數字在倒數，看到數字1高大、清澈、筆直、明亮。現在，你決定去探訪身體的某個部位，例如右手食指。把你的眼睛往內看，想像你的目光沿著手臂一直向下移動到食指。現在，你正看著食指的內部。你感覺到了什麼？「看見」了什麼？它是熱的、涼的或冷的？乾燥或潮濕？晦暗或明亮？什麼顏色？有任何影像與它連結嗎（例如你的食指內有一張桌子和椅子）？呼氣一次，當你繼續看著你的內在食指時，你在食指裡感受到了什麼？你平常對它的感知發生了什麼變化？是變小、變大，或大小不變？是變寬、變窄，或寬度不變？它是依然稠密、晦暗，還是變得更亮？或是變成半透明的了？睜開眼睛，看著你的食指，你從內在看到的食指，與你平常從外面對它的感知有什麼不同？

我不會告訴你，我或其他人的感知為何，因為我不想影響你的「觀看」結果。不過，我可以告訴你，內在與外在的感知有極大的不同。繼續這個練習，探訪你身體的每一個部位，並與它的實相連結。很快的，你會開始「看見」經過轉化後的理想身體，一個屬於想像力的真實身體。

就像畫家格呂內瓦爾德（Grunewald）在三聯屏繪畫中所畫的基督復活，或是突然出現在卡巴拉神祕主義者眼前的發亮身體，都是因為你的「看見」而熠熠發光，因為你將感官之光置於其上而閃耀。當你以這樣的方式來「看見」自己的身體時，你將穿透黑騎士強加在你身上的黑暗。征服你最黑暗的本能，騎上這頭瘋狂的野豬去制伏牠，現在的你就像發光發亮的荷魯斯一樣，已經準備好迎接下一個任務了。

你的下一個任務，是與賽特（你的限制）直接對決。既然你的想像力已經孕育出來了，你就擁有了控制它頑皮力量的主導權，而你的第七個任務就是探索一千零一種不同的方式來突破限制。

第6章練習快速參考指南

看見身體、情緒或精神上的痛苦，並將它從身體清除（p.162）

呼氣三次，覺察你身體的某個痛點。將眼睛轉向內，目光往下來到你的疼痛之處。看著它，感知它的顏色、質地、氣味。呼氣一次，然後去處理這個痛的必要性（例如，如果是發炎，就用一團白棉花去吸乾紅腫發炎的部位，然後將棉花從你的左肩往後丟出去）。再呼氣一次，看著這個已經不再發炎的部位。

探訪你的身體（p.165）
探訪你身體的任何一個部位，可以先從一根手指頭開始。呼氣一次，將眼睛轉向內，目光向下移動到手指。此刻你就在自己的手指之內，環顧四周，你在那裡感覺到了什麼？看到了什麼？注意你對這根手指的外在感知與內在感知有什麼不同，有哪些改變。呼氣一次，然後睜開眼睛。

第7章

練習人生的加速題

有意識的進入本源，升級並轉化

初始之深，結束之深；美善之深，邪惡之深；
天上之深，地下之深；東方之深，西方之深；北方之深，南方之深。
獨一無二的明師，神信實的君王，
從祂神聖的居所掌管所有，直到永永遠遠。
——《創造之書》（*Sefer Yetsira*）1:5

如果我們以客觀的方式走進神話世界，將會面對大量矛盾的、牽強的故事，讓我們很難信以為真。拿希臘諸神來說，一個理性的人對他們最溫和的看法，就是他們太善變、太反覆無常。

前一刻還是個天真的孩子，瞬間就化身為無所不能、美麗、高高在上、正義凜然的神，下一刻卻又成為謊話連篇、嫉妒、惡毒、有仇必報的人。他們時而出現時而消失，看得人眼花撩亂，變換身分就像換面具一樣容易，在極不協調的故事中演出，從來不為自己辯解，也不多做解釋，指望我們這些凡人能夠淡定地接受他們隨興所至的怪誕行為。

以月亮女神赫卡忒（Hecate）為例。古人認為她是象徵暗月之夜的黑月女神，但她也以光芒四射的「狄蜜特」身分出現，是豐收女神及萬物之母（漸圓月），有時她的身分又變成狄蜜特的寶貝女兒——代表新月的少女神波瑟芬妮。

當少女波瑟芬妮被她的伯父冥府與死亡之神黑帝斯（Hades）強暴並擄走後（就像他的弟弟宙斯強暴狄蜜特一樣），赫卡忒變成了「波瑟芬妮的影子」，是冥后（漸虧月）形影不離的夥伴。

但對古希臘人來說，赫卡忒還有另外兩個身分——代表滿月、自由與純潔處女的阿緹密絲（Artemis），以及蛇髮女妖美杜莎。她美麗的容貌猶如銀白月亮的表面，將人類純粹的真相反射回去給他們，而看見真相的人類便石化了。一如我們在第五章說過的，人人都該對真相採取預防措施，而王子柏修斯在以鏡為盾、砍下美杜莎的頭時，他確實小心翼翼地確保了自己不會直視美杜莎（當柏修斯殺死美杜莎時，他極有可能轉換身分為黑帝斯，因為他戴著隱形帽。然而，當赫卡忒化身為波瑟芬妮〔Persephone〕時，她把柏修斯〔Perseus〕的名字融入了自己的名字中，意味著「她是被柏修斯所殺」）。

或許是為了一吐失去波瑟芬妮的怨恨，當赫卡忒化身為豐收女神狄蜜特時，她讓大地上的萬物停止生長、遍地荒蕪，也因此她多了個報應女神「涅墨西斯」（Nemesis）之名。月亮、母親、女兒、妻子？是萬物之母，也是冥界之后？是光芒四射、寬大、無情、挾怨報復的神，同時也是一名受害的少女？哪一個才是她？赫卡忒，到底是誰？

這些故事充滿著激情，飽滿的張力足以顛覆合理性。如果我們習慣訴諸合乎理性的邏輯敘述，並完全**只**用合理性來進行解讀，必定會飽受挫折。既然已經一路來到這裡，你是否願意放下評斷，相信自己可以在這些明顯矛盾的故事中，找出隱藏著的意義，就如同一顆有著許多刻面的寶石？

如何「體驗」一朵玫瑰？

請讓以下的類比，來幫助你釐清這些矛盾。想像一枝插在水晶花瓶裡的紅玫瑰。從你所站之處望過去，看到的是盛開的玫瑰花瓣，有些花瓣邊緣已經開始枯萎。你還看到兩片葉子，以及一片正要冒出來的新葉藏在花瓶的另一邊。水中還有一枝長了三根刺的強健花梗。請把你看到的這一邊命名為「狄蜜特」。

要看到玫瑰的另一邊，你必須轉動花瓶，或走到另一邊。從這個角度望去，玫瑰花瓣尚未完全展開，你只看到了一片葉子。這一邊，我們把它命名為「波瑟芬妮」。

你是不是以為從兩個不同方位看過玫瑰，就是把整朵花都看遍了呢？我不這麼認為！你還得從左邊（美杜莎）、右邊（涅墨西斯）的角度去觀察，還得從上面（阿緹密絲）、下面（赫卡忒）的俯仰視角來看，如此才能捕捉到這朵玫瑰各個不同的角度與面向。

就算如此，你仍然還沒抓住這朵玫瑰決定性的瞬間，也尚未掌握到它的精華。突然間，一抹馨香拂面而來，在那美好的瞬間，你**體驗**到了玫瑰，你**變成**了玫瑰，你**就是玫瑰**！女神的多重面向，都在此刻匯聚在一起。

你對她非常熟悉，她的各種化身如今都融合於她的存在之中，因為你正藉由她的氣味，**從內在體驗**全部的她。這並不矛盾。只有在你從這一切抽離開來時，矛盾才會出現。

身為啟蒙運動崇尚科學一面的信徒，我們所受的教導（也如此教導我們的孩子）是要**抽離**，但不幸的，卻演變成**置身事外**。保持客觀是我們的信條。我們因為能夠區分、辨別、從不同面向研究一件事物，而引以為傲。

試著描述你剛剛看到的玫瑰，說說它所有的特徵。這不是簡單的事，也許八十年後你還在為此琢磨。當然，在這個過程中，你可能成為玫瑰專家，而你對玫瑰的細緻觀察將使所有人受益，你甚至研發出玫瑰香水、香皂、藥物、花露水，提供玫瑰的顏色及植物分類等知識，讓我們比以往任何時候都更了解玫瑰。但在這個過程中，你是否像偶像崇拜者一樣，過度耽溺於追求某個**特殊面向**的快感，反而丟失了玫瑰？

是時候讓我們記住這件事：**以體驗做為認知的方式**是強大、有效的，這與我們運用推理及邏輯能力來獲取知識同等重要。我們能否重新教育自己：要獲得知識，**體驗**同樣也是一條有效的途徑？

在巴別塔之前，只有一種語言

很久以前，在大洪水淨化了世界上的邪惡與盲目崇拜之後，「那時，天下人的口音、言語都是一樣。」（《創世記》11:1）但人們並不滿足於享受平靜的和諧狀態。因為害怕失去，人們決定建造一座城與一座塔，塔頂通天，「為要傳揚我們的**名**，免得我們分散在全地上。」（《創世記》

11:4）

當「命名」的想法浮現時，建塔的男男女女越來越困惑了。他們開始說話含混不清（巴別原文Babel，意味著「造成混亂」），而原本直接與神連結的崇高目標，也在各種不同的「命名」與敘述中被遺忘了。

這個最初始的神祕語言是什麼？它真的與巴別塔一起消失在時間的迷霧中了嗎？還是，這種語言仍然存在，只是被我們集體潛意識的迷霧遮掩了？

強調「命名」，是人類祖先分散各地的原因（這些分散四處的人是挪亞之子閃〔Shem〕的後代，而Shem的原意正是「名字」），這暗示著這種語言與我們現在使用的任何語言完全不同，事實上，這種語言不使用文字。

我們知道這些人有「共同的目標」，這給了我們追查的線索。這個共同目標是什麼？試著想想看，我們都渴望什麼？當然是快樂，還有良善、愛與和平。那麼，**我們最初始的「唯一語言」，有沒有可能是一種心的語言？**

當箱子裡的祕密傾瀉而出……

如果你從未看過玫瑰，哪種描述最能如實地召喚出這個生命體？《植物圖鑑》（*Botanical*

Encyclopedia）上的描述是：一種花，「花色各異，常有香味」的「薔薇屬多種灌木或藤本植物，通常枝莖有刺，複葉」。

或是一首詩？

玫瑰，純粹的矛盾，悅然於
無人的沉睡，在
眾目之下

——里爾克（Rainer Maria Rilke）

我們這個時代的弊病，是迫不及待的去解剖、分析、描述、分類及詮釋經驗。流經指尖的資訊那麼多，我們正在到達一個臨界點，超過了這個點，真正的意義就會在大腦不斷解構的過程中消失。因此，我們是否應該放棄所有的描述能力、所有的分析能力，以及所有我們在命名上累積的老練技巧？

當然不是。不過，就像古老的童話故事提醒我們的那樣，吸引「野獸」的，不是分析，而是美女。我們需要另一種選擇，從枯燥的邏輯中獲得喘息。我們就像故事中的野獸，被美女一碰就變成了人。我們也像故事中的美女，在體驗過愛之後，甘心為愛臣服。

正如著名詩人和神話學家羅伯特・布萊（Robert Bly）所言，詩人的語言以「情感為首」，其聯想的影像及跳躍的筆法，讓我們離實物更近。「一首詩在不打斷思路的情況下，越遠離它的世俗環境，其內涵就越豐富。」詩人在玩火嗎？當然，想要有收穫，冒險是必要的！如果詩人不按正常的思路走，並擴大了可信度的界線，把我們帶進幻想的國度呢？

回到里爾克的詩，當你沉吟其中時，是否感受到內在那種無聲卻又爆發力十足的拍案叫絕？這不僅僅是「悅然於無人的沉睡，在眾目之下」，還是一種無法言說、難以定義，超越了詩人文字所描繪的意象。一如玫瑰的香氣，詩人的意象是通往更深層內涵的路標，我們可以稱它為玫瑰之**源**。引起我們共鳴的，是從玫瑰之源散發出來的玫瑰精魄，帶著像揚聲器那樣的強度，與我們交融。那麼，我們能否從這個**體驗**中回溯，並推斷出玫瑰的具體特徵呢？

赫卡忒，我們來自神話王國的使者，她允許我們這麼做。當她從超自然體驗的深處浮現出來，她的靈魂在逐漸開展的圖像語言中產生了豐富的生命力，讓人聯想起那些使用意象做為語言表達的詩人，只是他們是不同的、反向的。

赫卡忒跟詩人一樣，並沒有飛躍跨步到本源中；相反的，她是從本源之中升起，就像一顆多刻面的寶石一樣，她藉由她鑲嵌在故事與圖像中的不同特質，向我們揭示她的靈魂在這個世界自我顯化而形成的行動與模式。

我們將她所要表達的，用有機身體的語言來做個比較。以受孕時的細胞為例。卵子與精子的相遇是一種衝擊、是電光石火、是一種體驗，開啟了整個過程。想像你踢倒了一個箱子，看到它所有的祕密翻滾出來，這就像在受孕那一刻的衝擊下，第一個細胞由內往外翻轉，好讓它的內在精髓能夠在模式與行動中展現出來：細胞一分為二，二分為四，然後四再分出更多……就這麼不斷不斷的複製。

關於這個生命的祕密，我們經常會在諸如以西結異象的記載，以及許多卡巴拉神祕學文本中，看到節略的表達。對那些能讀懂它的人來說，大教堂的龕楣處也有跡可循。基督，身為種子或第一個細胞，被以西結異象中出現的四個活物（公牛、獅子、鷹與人）環繞左右，四個活物分別代表人類的四個類型：淋巴型、氣血型、膽汁型及神經型，四個類型在這裡合而為一*。基督與這四個象徵性活物所預示的，是人類身體自我的有機語言，而赫卡忒神話則生動展示了所有人女性情感面的有機語言。

這些全都在希臘眾神的神話、童話故事、各大宗教的神聖文本、儀式祭典及宗教意象學裡，等著我們去解讀。它們的模式與變遷、顏色與故事，濃縮成我們積極尋找的特質，這樣我們就能精確的觀察，並為它們命名。

當箱子內的祕密傾倒而出，提供了我們一張包括地形、路線及風險的地圖，我們於是有了另一個機會去抓住那頭巨獸的尾巴，展開回到本源的旅程。

解碼神聖語言的線索

我們要如何學會解讀那些帶我們回到「本源」的神聖符號？還記得那四位拉比進入天堂的故事嗎？他們是怎麼做的？如果我們把這個來自《米德拉什》（*Midrash*，早期猶太拉比對《聖經》的口語闡釋）的寓言視為暗藏玄機的文本，就會發現其中提到的「天堂」（希伯來文為 pardes，意指「花園」），提供了解碼的線索。

《米德拉什》告訴我們，想進入「花園」（即伊甸園），四位拉比必須經歷PRDS這四個字母（希伯來文的書寫文字不存在母音字母，因此 pardes 被寫成PRDS），而這四個字母代表解讀文本的四個層次。

第一個層次P來自希伯來文的 pshat，代表故事或神話的**字面意義**。在這個層次，我們可以依照故事敘述的**邏輯**，每一句都會以不言自明的順序引出下一句。在此，我們在意的是能否把故事說得清晰又簡單：

＊編按：這裡是指每個活物都有四張臉，即《以西結書》第一章：「他們顯出來的樣子是這樣：有人的樣子，各有四個臉面、四個翅膀……四活物前面各有人的臉，右面各有獅子的臉，左面各有牛的臉，後面各有鷹的臉。」

> 有一天，波瑟芬妮在草地上奔跑摘花時，與母親及隨行仙女們走散了。突然間大地裂開，從深淵裂縫中躍出一輛由黑馬拉著的深色馬車。令人畏懼的冥王黑帝斯手握韁繩，抓住驚恐不已的女孩，調轉了馬車，再度返回地裡。
>
> ——《多萊爾的希臘神話書》（*D'Aulaire's Book of Greek Myths*）

這個故事有一個敘述邏輯與走向，不但令人著迷，也提供回歸本源的第一條線索。若要找到更深層的故事內容，只要跟著故事提供的線索走下去。

第二個層次的R代表 remez，這個希伯來文的意思是故事的**寓意或結構層次**。在這裡，我們要注意的是潛台詞（弦外之音）：模式、相似性、平行對稱、成群出現的意象、鏡像、逆轉及動向。只有當我們從故事主軸往後退一步，或者超脫其上，彷彿從星星的制高點來凝視時，才能看到這些。從那裡，就如同眾神觀看的角度，我們可以替這故事繪製一張氣象圖，裡面的街道、旋轉、螺旋和漩渦的箭頭，最終把我們帶進了故事的核心。

譬如，從赫卡忒自天堂墜落、波瑟芬妮墜入冥府，我們發現了其中的相似性：母女兩人都遭到強暴。此外，模式也出現了：波瑟芬妮嘴裡的種子（她在冥府吃了石榴種子，這成了她永遠必須回到冥府的原因），類似於赫卡忒身處的洞穴。兩者的圖像中，都有類似子宮的結構與橢圓形的主題：洞穴是橢圓形的，種子也是。

還有成群出現的意象也比比皆是，像是月亮、母親、女兒等。透過對這些模式的流動與交互作用的理解，我們開始對主導想像力動向的法則有了一些概念。當我們學習這些法則時，可以成為活躍的參與者，提供有創意的方向與動力，讓自己走上回歸本源之路。

第三個層次的D來自希伯來文的drash，通常譯為**解釋**，而原意其實是「詢問」。詢問暗示著缺乏或不足，例如一些遺失的環節、某些難以理解的關聯，需要我們去提問。比如說，為何赫卡忒與波瑟芬妮兩人都墜落了？

如果你的心智或外在資源，給了這問題一個清醒的標準答案，最終就成了我們所謂的「解釋」。不過，先別管解釋了，這裡不需要它。在drash提出問題後，就已經給了我們所需要的，而為了恰當的回答問題，我們必須暫時不去管它，讓它懸在虛空中，就像掛在長長的釣線末端、魚鉤上的魚餌一樣。

第四個層次的S代表希伯來文的sod，意思是神祕或**本源**。在受到驚嚇、刺激或興奮、激動時，它會如同一條滑溜閃亮的魚般翻身一躍，**咬住魚餌**！它是來回應問題的。它的出現是因為問題的力量刺激了虛空，從而創造了新的神話。

把這四個層次記下來，讓我們簡短地「重新想像」一下波瑟芬妮的故事。故事（P，第一層次）只不過是一個敘述性的內容，當地面裂開，夢行者發現自己像波瑟芬妮一樣，身處在一個裂開的大洞邊緣，此時推動力（R，第二層次）產生了。夢行者那個發問的自我將他推入裂開的洞裡

（D，第三層次），他跌落到洞底，把「本源」震醒而開始活動（S，第四層次），激發想像力做出回應。

於是，就像波瑟芬妮，或四個拉比中唯一成功進出伊甸園的阿基貝，當夢行者再度出現時，歷經截然不同格局磨練的他（D），已經升級並轉化了（S）。

我們也能像拉比阿基貝那樣，成功進出伊甸園嗎？我們能否展望未來，先主動做好準備及自我教育，以承擔越來越多的任務，而不是被自己的人生故事情節掌控，被動的等待快樂、打擊與功課來到我們面前？我們能否加快自我提升與轉化的過程？

如果能，我們又該如何務實的**啟動**本源，激發我們重生的想像力進到生活中，並重新發現那個難以捉摸的、原始的、心靈的語言？**我們要如何才能有意識的進入本源？**

一套源自古老卡巴拉的修練法門

接下來我要介紹的練習，具有悠遠的家族傳承歷史，其中最著名的提倡者及最可能的創始者，是十三世紀普羅旺斯地區的卡巴拉學家——盲眼修士拉比．以撒。他的直系後代，便是我們這個時代的導師——柯列．阿布可．馬斯卡（Colette Aboulker-Muscat）女士。柯列透過自己獨特的方式及出色的貢獻，重新調整了這個古老的修練法門，以滿足新世代各種不同信仰的人。

雖然這個法門源自猶太教、西班牙及地中海地區的猶太人，運用的卻是所有神聖傳統的追隨者都熟悉的法則，主要是因為對圖像心智來說，這些法則是共通的。我會進一步說明這些法則，好讓你理解你將要運用的「引導式練習」背後的科學理論。

為了達到效果，這些引導式練習必須採用一個或多個源自PRDS四個層次的法則。去清楚的了解這些法則有多精確，非常重要。你或許知道，引導個人或團體從內在心智看到視覺圖像，是非常普遍的做法，這甚至已經成為某些嚴謹的醫學研究主題。

然而，就視覺化觀想最終能夠實現的目標來說，它真正的力量經常被忽視或低估。人們練習時，往往都只停留在最基本的第一個層次（即pshat）。如同前面提到的，第一個層次只代表了事物最字面、最表層的意思。

基督教世界中最具影響力的耶穌會，幾個世紀以來，都透過創始人聖依納爵・羅耀拉（Saint Ignatius of Loyola）的《靈修》（*Spiritual Exercises*）一書，訓練修士們在第一層次以仿效耶穌基督的方式進行靈修。我並不反對第一層次（P層次）的練習，但為了充分發揮個人充滿創意的想像力，我主張其他層次的法則也必須啟動。

為了幫助你前進，一些小小的刺激或衝擊是必要的。除非感受到內在張力，否則你無法直接觸及本源，你的觀想也無法引領你到任何地方。你或許會擁有一次愉快的經歷，但卻沒有**轉化**的機會。

我所描述的這種內在張力，會讓你在練習時全然沉浸於**感官**體驗中。在生活中你應該或多或少經歷過愛或悲傷的感覺，足以讓你見證以下的事實：當這些情感在你之內啟動時，你會體驗到一種全然的投入。

如果有某個練習的文字敘述正好打中你，讓你產生更深刻的體驗時，你的整個自我應該也會全然投入。透過這些練習，你改變了你與自己、你與世界的關係。因此我們可以這麼說，當你全然地去做這些引導式練習時，你其實也是在練習一種**身體**語言。

以瑜伽體式的呈現方式為例，你會更理解我的意思。瑜伽學生在做某個體式時，必須有意識地在腦海中形成這個體式的視覺畫面（例如，雙腳下壓來伸展脊椎）。做引導式練習的學生也一樣，當他們把這些練習的描述文字轉化成強有力且具建設性的視覺心像時，會藉由身體來感受發生了什麼事。

事實上，你的身體真正理解並回應的唯一語言，就是視覺心像。因此，任何引導身體工作（例如瑜伽）的法則，其實都與引導視覺心像的法則是一樣的。你不需要等到人生困境來刺激你時才動起來，相反的，你應該像個優秀的運動員一樣，練習隨時都處於運動狀態，以增加身體的靈活度，來適應或轉變任何特定狀況。做引導式練習時，你是刻意地在啟動不同層次的體系（肉體、情緒體、心智體及靈性體）。

不同於第五章的練習，引導式練習大約都在一分鐘之內就能完成。但是跟第五章一樣，這些練習也用戲劇性的方式來幫助我們處理日常生活的問題。如同「逆轉回溯」練習讓我們從禁錮式的習慣中重新獲得選擇的自由，引導式練習也讓我們在需要時可以冷靜沉著的面對改變——不管改變有多劇烈。

練習與本源連結後，我們會變得更靈活敏銳，並且對過去某個我們很可能會自動抗拒的體驗，開始變得熟悉與自在。現在，我們可以喚醒並強化這種內外一致的體驗，就像瑜伽學生一樣，透過練習雙腳下壓伸展，來引導身體重新記起內外一致的感覺。

當人生逆境使我們失去平衡時，透過這些練習，我們將非常熟悉與了解那種內外一致的狀態，從而能夠迅速流暢地調整。我們雙腳踩踏在地面，伸展脊椎，平靜又分毫不差的重新找回平衡。

不要「思考」，用你所有的感官去體驗

在進入引導式練習之前，我先簡單說明一下在開始時你需要知道的幾項重點。做這些練習時，你需要選擇一個不會受到干擾的安靜時間與地點。然後，坐在扶手椅上，手臂自然地擱在扶手上，雙腳不交叉，自然踩地。對自己念出練習內容，接著閉上雙眼，緩慢吐氣三次，從3倒數到1，並在腦海中觀想3 2 1的數字，最後看到的數字1是高大、清澈、筆直的。現在，進入「感受、看見、感覺、體驗」等練習。不要去「思考」練習中的文字敘述涵義，而是試著使用你所有的感官，透過視覺化的觀想去體驗。

你所「看見」的，應該是色彩鮮明的3D圖像。完成練習後，呼一口氣，接著睜開眼睛。記住，如果你只是閱讀文字或用心智去分析解構，可能會覺得這些引導式練習很老套。但是，如果是沉浸式的**體驗**，就完全是另一回事了。

當你真正投入練習時，不只你的心智，你整個人都將參與這整個過程。正如我們前面所說，這些練習是為了刺激你開始行動而設計的，就像一首好詩是以它精心安排的文字來震撼你一樣。當然，要能夠**引起**這樣的震撼，肯定會是個挑戰，而設計這個練習的藝術便是對此一挑戰的答案。有效運用這些法則就能讓這一切發生，我將此稱為練習的**策略**。

因為你是照著本書做，我特別挑了一些簡單的練習，讓你自行練習也很安全。如果過程中體驗到的東西讓你有任何不安或疑慮，請不要猶豫地尋求協助。由於這些練習的用意是為了讓你揭露真實的自我，因此所有的回應都可能存在著爆發性。

第三章提供了一些協助，教你如何面對與處理噩夢及難解的夢中影像，這裡也一樣。不管你「看見」的心像是什麼，你都要回應它的「必要性」，更重要的是，記得要保持**遊戲**的心態！

我不會列出這些練習的所有法則，只會針對其中幾個在前面提到波瑟芬妮神話時曾經用到的法則。你將會明白，每一個法則是如何主導它所涵蓋的整組練習。雖然各組的練習是為了說明每一個法則，但我會盡可能的把四個層次運用在本章的**所有**練習中。

第一個法則：模仿

在第一個層次（P層次）的故事情節中，已經銘刻著**模仿法則**。覺得驚訝嗎？模仿，是我們第一個專注學習的行為。當我們還是嬰兒的時候，我們所學的一切，都是模仿父母與手足而來。之後，我們也從聽來的故事中學習，想像自己是故事的主角，模仿殺害巨龍的王子，或愛上野獸的美女。我們體驗到野獸的恐懼、勇氣與勝利，或是感受到美女逐漸萌芽的愛與悲憫，並從中學習。

模仿這種自然且必要的衝動，或許永遠不會真正停止。如果沒有可以仿效的對象（不管是正面或負面的），像是老師、明星、心靈導師、英雄、聖人或神，還有什麼好努力的？我們運用想像力來衝破界線並融合，讓自己沉浸在景仰對象的實相中。

要進行模仿法則有兩種方式：跟著故事情節走，或完全**成為**另一個人。記住，在想像的領域裡，你的性別、種族與信仰都不重要。想像力是流動的、平等的，你可以輕鬆隨意的想像自己是男人、女人、野獸、植物、岩石、空氣或天使……等等。

在這裡，我們可以拿《美女與野獸》做為故事情節來說明。故事一開始，美女的父親失去家產，後來聽說他擁有的一艘船倖存下來，很快就會抵達碼頭。在他離開鄉下的家去調查這個傳聞之前，他問三個女兒，想讓他用船上貨物賣來的錢為她們買什麼禮物。

兩個姊姊開口要了昂貴的珠寶與華服，而妹妹美女一心擔憂父親可能拿不到錢，於是說新家沒有玫瑰，而她太想念玫瑰了，所以她什麼都不要，只要一朵玫瑰。

後來，她們的父親比出門時更窮了，並於返家途中在森林裡迷了路。在尋找出路時，他發現了野獸冷清的魔法城堡與美麗花園。走進花園的父親，毫不猶豫便摘下一朵玫瑰，此舉立刻讓暴怒的野獸從隱匿處現身。

這果真是個怪物，他居然要求這個父親交出一個女兒，來彌補偷摘玫瑰的罪行。美女不只人美，心地也善良，她是三個女兒中，唯一願意犧牲自己的人。她離開了熟悉、安全的家園，前去跟這個奇怪又可怕的野獸一起生活。

引導式練習1：模仿I

呼氣三次。想像你如同故事中的美女，必須離開家，離開愛你、保護你的家人。你感知到什麼？你有何感覺？

引導式練習2：模仿II

呼氣一次。想像你是故事中的美女，第一次在野獸那座怪異的花園裡散步。你發現了園中的玫瑰花叢。再呼氣一次。當你從玫瑰花叢中挑出一朵完美的玫瑰、嗅聞它的香氣時，你感覺到了什麼？看見了什麼？

第二個法則：移動

在第二個層次（R層次）的結構中，隱藏著**移動法則**。移動有很多種，我們先從那些屬於**方向性**（directionality）的移動開始談起。在《美女與野獸》的故事中，父親走錯了方向，永遠地改變了他自己的人生、他女兒及野獸的人生。往上或往下、向左或向右、後退或前進，這六個不同的方向會產生不同的結果。我們可以明確指出來嗎？

探索這六個方向，不僅有助於夢行者實現這些可能性，還可能發掘它們的特質。假設你家裡正面臨一個複雜的情況，探索這六個方向或許能幫助你發現各種不同的動力，可以為你所用。

引導式練習3：方向性

呼氣一次。像故事中的美女一樣去看、去感受，在離家很長一段時間後，你要再次回到父親的家，你會往哪個方向走（向右、向左、直走、向前、向後、往上或往下）？再呼氣一次。初抵家門時，你看到了什麼？有什麼感覺？

引導式練習4：穿越I

呼氣一次。想像自己是故事中的美女，正往下看著一朵玫瑰的花心。你聞到花的氣味了嗎？再呼氣一次。你看到了什麼？發生了什麼事？

每一個方向的特質為何？推開**穿越**（penetration）的一個個層次，可以看得更清楚。往前推進，打開下一扇門，再打開下一扇門，你最終可能看見並體驗到一些新事物（例如，你可以在下一個走廊盡頭打開另一扇門，迎面而來的是一座沐浴在陽光下的美麗花園）。沿著選好的方向一步步地往前走，這是一種行動策略。想想看，對一個面對困境、無法解套的人來說，這個策略會多麼有用。

引導式練習5：穿越II

呼氣一次。想像你站在一扇上鎖的門前，手上拿著一串鑰匙。找出可以打開門鎖的那把鑰匙，插入鑰匙孔，轉動鑰匙，然後打開門。你看見了什麼？你做了什麼？再呼氣一次。你還站在門檻上嗎？還是走進去了？

如果，往一個方向前推的穿越策略無法突破模式，你會怎麼做？方向都是成對運作的，「下」配合著「上」一起作用（波瑟芬妮墜落之後，又往上升起），而「右」與「左」也一起作用。

許多人偏好某個特定方向。假設你執著於開創你的未來，而無暇反思或回顧你的人生，那麼你偏好的方向就是右（在視覺心像領域中，右邊代表未來）。或者，你總是在尋找一個出離肉身的途徑，想遁入心智或幻想的世界；因為你發現這種逃避痛苦與責任的方式，對你來說比較自然，那麼你偏好的方向是往上。

這兩種都是求生存的技巧，或許早在童年時期便已學會，但對現在的你已不適用。專攻一個方向的探索，而排除其他方向，其實是一種不足。想要成為真正的夢行者，我們需要探索所有的方向。

假設某個人不斷叨絮著自己的過去，這在視覺心像的領域中解讀為「左向」。因此，如果能讓這個人在練習中往右（即未來），或許可以產生一種足夠強大的移動，讓他從執迷過去的傾向中掙脫出來（受到這刺激的震撼，他的想像力會展現出一種意想不到的新架構，讓他印象深刻到足以減輕或甚至消除對往日影像的執念）。

恢復視覺心像左右軸線的流動性，可以重新找回個人全方位移動的能力。這個為了改變而採用的基本策略，意味著轉向、走另一條路（我們之前把這個概念稱為「舒瓦」〔Tshuva〕，希伯來文的意思是悔悟）。我們要辨認出這種轉向或轉換（換到另一端）的概念是**回歸法則**。回歸有助於打破重複的循環，好讓我們去體驗完全相反的觀點。

引導式練習6：回歸

呼氣三次，觀想目前與你相處困難的某個人。想像你離開自己的身體，走向對方，進入對方的身體。你在這個身體裡是什麼感覺？開闊或緊繃？幽暗或明亮？平靜或躁動？對方是如何呼吸、移動及思考的？

再呼氣一次。從這個身體與大腦的新位置，往回看你自己。透過對方的眼睛，你如何看自己？你的感受是什麼？你想跟站在對面的「你」說些什麼？以對方的聲音說出來，並仔細聽。再呼氣一次，回到你自己的身體裡，然後回過頭去看剛剛你造訪的那個人。你對他的認知與感覺是否有改變？如果是，向自己描述那些改變。

這個練習與第五章的練習相似（參見p.149），都屬於「良知倒轉檢驗」的一部分。但在這裡，我們不是「踩著對方的鞋子」換位思考而已，而是直接進入到對方的身體裡。你應該會感受到「悔悟」的效果更強烈了。

引導式練習7：成對性質

呼氣三次，觀想並感受到自己是一棵完全長成的大樹，接著用所有感官去感知並看見你的樹根、樹幹、樹枝與樹葉。再呼氣一次。現在，去感知及看見樹葉很快地縮回樹枝裡，而樹枝縮回樹幹裡，接著樹幹再縮回樹根裡，最後是樹根縮回種子裡。再呼氣一次，感知並看見你自己是那顆種子，聽到你自己生命的呢喃低語。種子在說什麼？再呼氣一次，現在種子很快的成長，重新長回成一棵成熟的大樹。

「成對出現」（pairing）的性質，自然會引導我們把**鏡像**列為另一個移動法則。鏡像讓「回歸法則」進一步扭轉，因為鏡子反射回來的影像是左右相反的，換句話說，影像被轉向了。其作用是為了讓我們看見自己、回歸自己，去看見我們無法看到或不想看到的東西。

由於不習慣這種轉換後的另一種觀點，我們受到震撼會開始移動。無論是感到震驚、驚喜、愉悅或悲傷，沒有人會對自己的影像無動於衷。如果你對自己感到不自在，並想知道原因，可以好好看進鏡子，這會對你有所啟發。這不就是修正自己的第一步嗎？

鏡像不僅意味著看進一面實體或想像中的鏡子。任何時候，只要我們做出「看」這個**動作**，一個顛倒反轉的影像就會向我們投射回來，這是我們眼睛運作的方式。當我們看進想像世界或晚上做夢時，夢境影像會將我們的內在生命還原給我們看，就像一個關於你的錄影，播放時會將走路的你、說話的你等種種身影還原展示給你看，這是你無法以其他方式看到的。

當你在觀看時，會產生一種離心力作用，它會吸引一種向心力回應。比方說，假設有人沉迷於賺錢與出人頭地，甚至忘了是非對錯，那麼，他的夢境影像（與白天所見的影像相反）會把他忘記的部分反射回去給他，而且通常是以一種帶著怨念的噩夢形式出現（夢中影像似乎在問：「你怎麼能忘記我們？」）。

這個法則不只出現在夜間的夢裡，**任何時候**只要我們向內看，都會發生。這意味著一個簡單明瞭的事實，那就是當我們做向內在觀看的練習時，我們得到的心像回應是相反、顛倒的，這便是它令人驚訝及發生作用之處。這法則同樣也適用於日常生活。

說到這裡，我想起一個總是帶著槍搭地鐵的朋友。為什麼？他說：「因為那裡有太多憤怒的人了。」如果他不再帶槍呢？他還會遇到那麼多憤怒的人嗎？帶槍出門代表著他的恐懼，而這恐懼創造了一個向心力作用：恐懼吸引了憤怒。

運用鏡像策略，可以幫助我們理解自己是如何編造個人的實相，同時也讓我們明白，自己需要做出哪些改變。

引導式練習8：鏡像

呼氣三次。想像你看著鏡子裡的自己。你看見的自己是什麼樣子？穿什麼樣的衣服？臉上有什麼表情？當你看著鏡子中的自己時，有什麼樣的感覺？

鏡像會讓我們思索兩個完全相反的圖像並列的可能性，比如美女與野獸這組令人感到衝擊的對比。這就是**對立法則**。這樣的「衝擊」，可以讓存在於二元性（例如非此即彼、善與惡、美與獸性）中受阻的移動得以「爆發」，變成一種全新且流動的形態。換句話說，一種新的洞見產生了，而做夢能力也已然恢復。

引導式練習 9：對立

呼氣一次。想像你既是美女、也是野獸，會發生什麼事？你有什麼感覺？

注意成群出現的圖像，是測量深度的另一種方法。例如，在神話故事中，赫卡忒、波瑟芬妮與狄蜜特其實是同一人。這似乎是在傳達某些訊息，那是什麼？

假設你的日常生活中出現了某種狀況，三種不同的想法讓你糾結不已。這些想法為何會出現？它們似乎彼此不相干，但仍然不時圍繞著相同的情境或議題，反覆出現在你腦海。你會怎麼做？

當我們允許圖像心智同時保有不同的傾向、不同的方向和不同的可能性時，一種新的移動會從其中的張力爆發出來，從而開始恢復流動，這就是所謂的**群集法則**。

引導式練習 10：群集

呼氣一次。將女性之靈的赫卡忒、少女波瑟芬妮及母親狄蜜特，想像為三角形的三個頂點。再呼氣一次，看進三角形的中心。你看到什麼？

如果你覺得自己同時是兩個人，該怎麼辦？前一秒你還甜美親切，下一秒就失控暴走。你要如何學會擁抱自己這些不同的面向，成為一個整體？你如何解決這兩種傾向之間的分歧呢？

我希望前面的練習已經證明，夢境世界容許我們在瞬間從一個點跳到另一點，也讓我們可以隨意體現不同形體、形式的轉換。透過像這樣各種形式的轉變，以及允許自己去體驗不同的選擇，讓我們變得更靈活、更有彈性，可以快速且優雅的改變。記住，這些引導式練習是具有轉化性的。在這裡，你不僅可以運用想像力的**可塑性**來練習移動，還可以練習瞬間轉化或變形。

引導式練習11：可塑性I

呼氣一次。看見自己野獸的那一面。再呼氣一次。想像你是故事中的美女，正在安撫自己野獸的那一面。此時發生了什麼事？

引導式練習12：可塑性II

呼氣一次。想像你走進一座花園，裡面有好多動物。想像你進入一隻蜥蜴的身體裡。慢慢的呼氣一次，想像你進入一隻孔雀的身體裡。再呼氣一次，想像你進入一隻鳥的身體裡。

第三個法則：開放性

在第三個層次（D層次）的問題中，刻著**開放式法則**。如果我們開始問一個問題，並且急著去回答，那表示我們並未讓這個問題懸在虛空中，也意味著我們並沒有真正去**傾聽**。

開放性能創造出一個空間，讓「回應」得以到來。我們就把這個空間稱為「暫停」。暫停，不只是認識自己的祕訣，也是所有療癒的祕方。在暫停中，回應找到了可以出現的空間。開放性能觸及源頭，讓想像力以創意的方式開展（開放性與另一種「引導式問題」不同。引導式問題難免會把夢行者引到一個**預設**的結論，與採用「開放式法則」所取得的結果不一樣。只有在一種情況下，引導式問題是可接受，甚至是適合的——當這個練習是為了治療某種特定的身體狀況，而且已知會激發預期中的反應）。

第四個法則：瞬時性

在第四個層次（sod），也就是本源層次中，刻畫的重點是**瞬時性法則**。不要忘了本源是如何直接**跳**到問題的。所有引導式練習務必要簡短，就如同我們在本章前面所了解的，深入源頭需要一種出其不意的「驚訝」策略，如果讓過程延長、模糊了驚訝的效果，會削弱過程中必要的自發性與新鮮感。回應必須迅速，時間不超過一分鐘。記住，深入源頭意味著進入事物的核心、進入感覺。

在視覺心像中的回應是全息影像式的，它存在的方式與夢境語言一樣。第一個出現的心像畫面包含了所有真相，如果你因為不喜歡這個畫面而拖延、徘徊，可能會受到誘惑想把它換成另一個自己比較喜歡的。但如果你在最開始的時候就已經質疑想像力的真實性，又要如何學會讓它聚焦呢？

記住，拖延會誘發幻想。相信你第一眼所看到的，不管它有多令人不悅或感到奇怪。瞬時性是為了轉化所採用的策略，要成為真正的夢行者，這也是唯一的途徑。

引導式練習13：瞬時性

呼氣一次。想像你拿著放大鏡，去看你剛剛發現的古老紙莎草紙上所寫的字。你讀到的是什麼？

我已經把如何引發夢行者內在移動的基本策略都告訴你了，建議你採用「引導式練習」，來修練你的內在發展（其他系列的練習，請參見附錄一）。除非有特別說明，否則這些練習只做一次就夠了。若想重複練習，至少要間隔三個月，如此才能確保「驚奇」的效果能發揮作用。

現在你已經準備好要前往第八項任務：探索你生命存在的基本意圖。不過，在繼續之前，請確保你已經充分熟悉前面的任務。不熟悉這些任務，你就無法向前邁進，因為它們是後半部修練的基礎。後半部的任務，是要成為一個專注的夢行者，以及「人生規畫」的大師。

第7章練習快速參考指南

模仿I（p.186）

呼氣三次。想像你是《美女與野獸》故事裡的美女，必須離開家，離開愛你及保護你的人。你有什麼感覺？

模仿II（p.186）

呼氣一次。想像你是故事中的美女，第一次在野獸那座怪異的花園散步。你發現了園中的玫瑰花叢。再呼氣一次。當你從玫瑰花叢中挑出一朵完美的玫瑰、嗅聞它的香氣時，你感覺到了什麼？看見了什麼？

方向性（p.187）

呼氣一次。像故事中的美女一樣去看、去感受，在離家很長一段時間後，你要再次回到父親的家，你會往哪個方向走（向右、向左、直走、向前、向後、往上或往下）？再呼氣一次。初抵家門時，你看到了什麼？有什麼感覺？

穿越I（p.187）

呼氣一次。想像自己是故事中的美女，正往下看著一朵玫瑰的花心。你聞到花的氣味了嗎？

再呼氣一次。你看到了什麼？發生了什麼事？

穿越II（p.188）

呼氣一次。想像你站在一扇上鎖的門前，手上拿著一串鑰匙。找出可以打開門鎖的那把鑰匙，插入鑰匙孔，轉動鑰匙，然後打開門。你看見了什麼？你做了什麼？再呼氣一次。你還站在門檻上嗎？還是走進去了？

回歸（p.189）

呼氣三次，觀想目前與你相處困難的某個人。想像你離開自己的身體，走向對方，進入對方的身體。你在這個身體裡是什麼感覺？開闊或緊繃？幽暗或明亮？平靜或躁動？對方是如何呼吸、移動及思考的？

再呼氣一次。從這個身體與大腦的新位置，往回看你自己。透過對方的眼睛，你如何看自己？你的感受是什麼？你想跟站在對面的「你」說些什麼？以對方的聲音說出來，並仔細聽。再呼氣一次，回到你自己的身體裡，然後回過頭去看剛剛你造訪的那個人。你對他的認知與感覺是否有改變？如果是，向自己描述那些改變。

成對性質（p.190）

呼氣三次，觀想並感受到自己是一棵完全長成的大樹，接著用所有感官去感知並看見你的樹根、樹幹、樹枝與樹葉。再呼氣一次。現在，去感知及看見樹葉很快地縮回樹枝裡，而樹枝縮回樹幹裡，接著樹幹再縮回樹根裡，最後是樹根縮回種子裡。再呼氣一次，感知並看見你自己是那顆種子，聽到你自己生命的呢喃低語。種子在說什麼？再呼氣一次，現在種子很快的成長，重新長回成一棵成熟的大樹。

鏡像（p.192）

呼氣三次。想像你看著鏡子裡的自己。你看見的自己是什麼樣子？穿什麼樣的衣服？臉上有什麼表情？當你看著鏡子中的自己時，有什麼樣的感覺？

對立（p.193）

呼氣一次。想像你既是美女、也是野獸，會發生什麼事?你有什麼感覺?

群集（p.193）

呼氣一次。將女性之靈的赫卡忒、少女波瑟芬妮及母親狄蜜特，想像為三角形的三個頂點。再呼氣一次，看進三角形的中心。你看到什麼?

可塑性I（p.194）

呼氣一次。看見自己野獸的那一面。再呼氣一次。想像你是故事中的美女，正在安撫自己野獸的那一面。此時發生了什麼事?

可塑性II（p.194）

呼氣一次。想像你走進一座花園，裡面有好多動物。想像你進入一隻蜥蜴的身體裡。慢慢的呼氣一次，想像你進入一隻孔雀的身體裡。再呼氣一次，想像你進入一隻鳥的身體裡。

瞬時性（p.196）

呼氣一次。想像你拿著放大鏡，去看你剛剛發現的古老紙莎草紙上所寫的字。你讀到的是什麼？

＊附錄1有另一個系列練習範例，要一氣呵成地完成所有練習（p.315）。

| 第 8 章 |

當卡瓦納之火點燃……

意圖與夢行

他見的異象是關乎多年後的事，
他說的預言是針對遙遠的未來。
——《以西結書》12:27

很久以前，在聖城耶路撒冷，奇蹟的發生就像蝴蝶落在花上一樣自然。當時城裡住著一個名叫納布希的阿拉伯少年，年約十四歲。納布希沒有家人，也無家可歸，所有的家當都在一只背包裡，口袋裡只有一枚銅板，用來支付晚餐。他不是唯一遊蕩在老城區市集裡的失落靈魂，像他這樣的人還有很多，但這天，高靈於此盤桓，而他並不知情。

在街邊商家地毯上的一堆雜物裡，有個東西在陽光照射下閃閃發亮，吸引了少年納布希的目光。他駐足細看，發現是個門環。

突然間，他在腦海中看到一個畫面：那個門環掛在大門上！門後方是間房子，房子後方還有另一個門環，掛在另一間房子的大門上，然後又是另一個門環、另一扇門與另一間房子，一直重複下去，直到少年視線看不到之處，而這一切都彷彿是透明的。那個門環很美，他愛不釋手，而他腦海中所見的景象卻讓他屏息。還有什麼比得上一個願景，更能打破人們所有「墨守成規」的理智？於是，納布希用原本要買晚餐的那枚銅板，買下了那個門環。

這一切都開始於腦海中那個「有很多門和很多房子」的景象，接著是行動：納布希買下了門環。這是瘋狂還是勇敢？那天晚上，男孩飢寒交迫，蜷縮在暗夜街角，瘦弱的胸前緊抱著那個沉甸甸的門環。故事就此結束了嗎？又或者，透過願景與行動的結合，某種移動被啟動了，而除非完成這個移動的整個循環，直到夢境推動它自己成為現實，否則一切不會中止？

這個內在視覺所看到的「願景」（vision），是來自眾神的預言式訊息嗎？或者，那是我們內在結構的藍圖，一旦展開，便向我們揭示存在的真正目的？無論是哪一種，納布希是否會緊抓門環的允諾，追求它所預示的命運？如果是，這願景的力量到底是什麼，竟能牢牢抓住一個男人（或女人），並驅使他（或她）排除萬難，努力讓自己夢想成真？

或許不是所有人都能像這個少年，有幸獲得一個強大的願景。他是受到了高靈啟發，而他也樂於讓心追隨。如果我們不曾接收過同樣清晰的畫面，是否意味著我們錯失了自己的生命藍圖？或者，這只代表我們的更高目標仍然隱藏著？還是，我們曾經有過類似的願景畫面，是我們自己忽略或抗拒，寧願分心，也不肯專注於追求某個夢想？我們能否期待，有朝一日我們將看見生命的真正目標，而這個願景能強大到足以驅動我們採取行動？

注視之火，推動夢顯化為實相

「起初，神創造天地。」（《創世記》1:1）神是用什麼來創造出天地與天地間這個奇妙的世界？是「從無中創造」（Creatio ex nihilo）嗎？猶太教文獻《米德拉什》說：「不」，神留心並看到「用黑色火焰寫在白色火焰上的字母」，但是，在世界創造出來之前，根本沒有火啊！

如果這火焰不是神看見自己的強烈喜悅，又會是什麼呢？神所包含的一切、祂對自己的夢想，激發了所有的創造。祂看著「一切所造的都甚好」（《創世記》1:31），而祂對所見之物的熱情，就是顯化這個世界的燃料。神賜予我們「生命」（élan），讓我們成為祂計畫中的共同創造者及顯化者（畢竟我們是按著祂的形象所造）。慢著，「神的共同創造者」？這是哪門子的奇思幻想？這是什麼危險的無知念頭？

聽到有聲音在說著：「往內看，你的注視之火，將推動你的夢顯化為實相。」這樣很好，但是也有警覺性高的母親會對她的孩子說：「不要把人生虛耗在做夢上，夢不會帶你到任何地方。」所以，誰說的對？好吧，兩種說法都沒錯，我們來看看原因何在。

創世之初只有種子。沒有過去，也沒有未來，只有當下瞬間，來自天啟的衝擊震撼。種子以六天（六個夢境移動？）的時間萌芽生長，到了第七天，種子便在生命樹美好的舒展中安歇。不過，此時仍然沒有任何顯化，要到創造的第二階段（順序逆轉），顯化才會發生。這時，神創造了「地與天」（《創世記》2:4），與《創世記》1:1的「天與地」是相反的。

在《創世記》2:7中，神用地上的泥土形塑了亞當。這個務實的作為（或許我們該說是「接地氣」？）將祂的夢想具體顯化出來，一如卑微的納布希買下門環的舉動，同樣都是將自己的夢想帶進實相中。

這就夠了嗎？當然不是！顯化的世界存在於時間與空間中，買下門環或形塑亞當，並不是故事的全貌。既然夢是為了在物質世界中顯化，時間與空間的存在便將它們開展的需求與必要性置於這種情境中。造了亞當後，神又看見「那人獨居不好，我要為他造一個配偶幫助他」（《創世記》2:18）。於是，祂又造了夏娃，將她帶到亞當面前。

跟隨同樣的物質「必要性」，納布希把自己交給了門環，現在他受到這種「必要性」的激發，覺得必須找個地方存放手上的珍寶，直到他有能力買房子，然後把這珍貴的門環掛在門上。他所看見的畫面，激發他找個好工作以提升生命前景的熱情，納布希不再是個絕望的男孩，他成了一個全新之人，有目標與意圖（希伯來文稱之為「卡瓦納」〔kavanah〕），這個意圖在他的身心靈中熾烈燃燒著。

由於我們生活在一個受限的物質實相中，因此每走一步，納布希的意圖都會受到挑戰。萬一有人給他高薪、提供食宿，讓他去加利利（Galilee）當牧羊人，他是否會接受？如此一來，他將遠離這城市，而他又知曉夢已明確地將他安置在此處。他會讓眼前的需求與欲望，將他從願景的追求中抽離，遠離他深知是人生真正目標的事物嗎？

這是他的選擇，但更重要的是，他如何對自己的選擇**採取行動**，將決定他的人生是受到權宜之計與任性所驅動，還是充滿目標與意義。他的願景畫面是一種宣告，現在他必須臣服，並活出那樣的生活。

意圖與意志的區別

如果男孩當初沒有抓住機會呢？如果他因為恐懼而抗拒這個啟示的必要性呢？如果他沒有買下那個門環呢？那麼，他就會像耶穌故事中的僕人一樣，將主人給他的三枚錢幣埋在花園以確保安全。然而，這些錢幣是不會結出果實的。

對男孩而言，這個畫面的可能結果會一直糾纏著他，就像一個無根的遊魂。針對這點，警覺性高的那位母親就有理由說：「不要把人生虛耗在做夢上！」因為如果你不努力將夢想變成實相，這些夢就會回頭成為一種幻想，成為你想像力中一齣停擺的戲、一份愧疚，以及一種遺憾。

那個母親能提出什麼目標來代替孩子的目標呢？經濟保障、社會地位、婚姻幸福、受歡迎，或成為醫生、律師、明星，如同她曾經的夢想。這些目標似乎非常合理，只除了一個事實——那是別人的目標。這些目標是由一個母親的夢想、欲望與恐懼所推動的，或許孩子也心嚮往之，因為孩子有野心、好勝、嫉妒、容易動搖，或者孩子就是單純地想滿足母親的需求。這些目標都來自**外部**，經過了篩選或計算的心理過程。

由於這些「忙碌夢境」（我們和所愛的人可能汲汲營營地促成這樣的夢）來自情緒與反應的泥濘王國，我們稱為「卡瓦納」（意圖）的純粹火焰無法推動它們。取而代之的，是比較微弱的火焰攫住了我們，它不是那種強烈、純粹、有目標的火焰，而是一種消耗性的火焰。我們被迫去掌控環境、強化自己的意志、對鎖定而尚未實現的目標緊抓不放，或因為崩潰而變得一蹶不振和絕望。

無論是哪一種，這個過程對我們來說，一點都不從容、不流暢，也不容易。既然我們能支配的能量已經處於「反應狀態」（參見頁九三圖5），我們能做的就是運用**外力**，來打破任何阻擋我們追求目標的障礙。

這有什麼不好呢？任性總比冷漠好，成功總比失敗好。然而，有多少我們眼中擁有一切的成功人士卻吸毒或自殺，因為在他們眼中，自己的人生是失敗或毫無意義的？還有什麼可以解釋他們的絕望？很明顯的，他們擁有的是虛假的夢想，受到憤怒、野心、怨恨、嫉妒、懦弱所驅動。這些情緒就像希臘神話中的復仇女神一樣，一心一意要把我們逼瘋。

現在，請想像你是一名美式足球運動員，你拿到球後，不顧一切的衝破對手陣地，達陣得分。當你越過球門線時，人人為你歡呼，你勢在必得、志得意滿！運用意志力去突破對手頑強的防衛，你成功了。

現在，請想像另一種截然不同的情境：你剛接到球，然後在那一瞬間，一切就這麼發生了！如同它「就這麼發生」在納布希身上，你一躍進入本源中，「看見」自己輕輕鬆鬆達陣得分。一切彷若魔法般，群眾的歡呼聲如波浪般退去，歸於寂靜，整座體育館變得很遙遠，而對手與你，以及你的隊友，都以慢動作在移動著。此時的你，對自己輕鬆又流暢的動作感到驚詫不已。

當這一切發生時，彷彿永恆是屬於你的。就在「看見」自己達陣的那一刻，你已經達陣了，一切如同在夢中。體育界將這種現象稱為「化境」（the Zone），有過這種經歷的運動員，永遠忘不了那種一舉躍升明星的時刻。他們在行動中「看見」了神性：「真正」的願景畫面將他們的極限轉化為勝利。

真正的願景來自我們的本源，而真正的願景所點燃的「卡瓦納」（意圖）則創造出「化境」。如果你的意圖是取自本源，並且你跟隨著這意圖，一切都會變得輕鬆、流暢、簡單。相反的，如果事情變得複雜和困難，那就意味著你的夢境已經偏離軌道。你正在使盡力氣，企圖讓某些不該發生的事發生。以這種方式來行使你的意志，會讓你筋疲力盡。

感覺的彩虹光譜

那麼，到底什麼才是真正的願景呢？自從亞當與夏娃被逐出伊甸園後，我們知道必須辛勤勞動，才能發掘藏在地裡的寶藏。我們日復一日努力工作、照顧孩子與年邁雙親，還要努力維持棘手的人際關係。我們竭盡全力，咬緊牙關，在艱難的現實世界裡載浮載沉。

如果我們未被賜予真正的願景畫面，還能做些什麼？並不是每個人都像納布希那麼幸運。等等，這越來越複雜了。我已經可以聽到你的怒吼：為什麼是他，不是我？為什麼他總是一派輕鬆，而我卻寸步難行？為什麼他可以那麼熱情洋溢，而我卻身心俱疲？唯有先找到真正的願景，你才能回答上述問題。但首先，我們是否知道它的存在？

古老的傳說告訴我們，在彩虹的盡頭處埋藏著一甕黃金。如果我們敢於求索，這些黃金就是我們的。只是我們必須拋掉所有的「忙碌」夢境，勇敢地踏上七重彩虹之路，才能找到黃金、找到煉金石，以及，觸及本源。

練習。彩虹

呼氣三次。想像你正爬上一道巨大的弧形彩虹橋，在不同的顏色之間跳躍、玩耍——紅、橙、黃、綠、藍、靛、紫。去感覺每一種顏色如何在你身體上產生不同的感知與感受。你可以為這些感受命名嗎？再呼氣一次，然後一路走到彩虹盡頭，尋找埋藏的寶藏。

當我們踏上彩虹另一端的地面時，我們就進入了「化境」。化境的驅動力來自我們的本源，而本源的奧祕與力量是我們無法理解的。從它既柔和又強烈的光中，照射出我們感覺光譜的所有色彩。記住，感覺與情緒不一樣，情緒是受阻的欲望、期待與要求所引發的反應（你可以參考複習頁九三的圖5）。當我們做出**反應**時，仍是處於對抗狀態，不管是推拖抗拒或拉開距離，都是在玩「任性」的遊戲（參見第二章）。

但是，當我們去「感覺」（愛、憐憫、美、力量、光彩、勇氣、勝利、喜樂、慈悲、正義等）時，我們是在往四面八方送出光與溫暖，就如同黃金或天上的太陽。我們閃閃發亮，用最貼切的字眼來說就是，我們變成了星星。

彩虹盡頭的黃金是珍貴的繼承，不僅是送給這世上的少年納布希們，也提供給我們全部所有的人。是的，這意味著包括你和我、修補匠、裁縫、富人、窮人、黑人、白人。本源是光，沒有分別心。形相尚未顯露，也還未經由我們的選擇而顯化。就像《聖經》中的夢行者約瑟，我們都是最受寵的孩子，而我們的父親——那位將生命之火吹進我們之內的高靈——為我們披上美麗的彩衣（此處以約瑟為例，是因為男性代表我們內在主動、積極的面向。約瑟〔Joseph〕在希伯來文有「添加」之意）。

如果想找回豐厚的繼承，我們必須先拋開所有的「忙碌」夢境。如此一來，另一個兒子（也就是願景），就會被「添加」到我們與生俱來的天賦（想像力）上。

唯有偉大夢境，才能點燃意圖

約瑟跟梅林（以及那些「看得見」的世界裡的小幫手）一樣年輕。他愛上了自己的美，這並不奇怪，因為夢境世界對夢行者而言，本來就格外迷人。約瑟做了一個夢，並將夢的內容告訴他的哥哥們。

「我們在田裡捆禾稼，我的捆起來站著，你們的捆來圍著我的捆下拜。」（《創世記》37:7）約瑟怎麼會沒有意識到他所說的話，會對哥哥們產生影響？他是太自負，還是太幼稚？事實恰恰相反，就像夢境世界中的小幫手，約瑟是純真無邪的。為了確保兄長們真的聽懂他的話，他又做了另一個風格類似的夢，也因此在先前的傷害上又「添加」了羞辱。

「看哪！我又做了一夢，夢見太陽、月亮與十一個星向我下拜。」（《創世記》37:9）可想而知，約瑟的哥哥們被激怒了，他們斥責他：「難道你真要做我們的王嗎？難道你真要管轄我們嗎？」約瑟的父親也責備他，因為約瑟確實沒必要如此激怒父親與其他兒子們。不過，約瑟的父親卻「把這話存在心裡」，為什麼？

你辨識出其中的模式嗎？約瑟是輪軸的中心，而他的兄長、父親（太陽）、母親（月亮）則是輪輻。這是個「感覺」的夢！它散發出星星般的光芒，把所有主要人物都吸引過來。一如約瑟的父親心繫著兒子的夢，其他兄長們也忘不了。

一個閃閃發亮的夢，確實會讓人留下難以抹滅的印象，做夢者念念不忘，聆聽者亦然。這些內容烙印在我們的頭腦中，令人無法忘懷。它啟動了一個新的行動願景，並且持續運作著，直到這個願景所要傳達的訊息，在物質世界中顯化、實現。一切完成後，它會進入我們最珍視的記憶世界，或成為神聖傳說、神話、傳奇與童話故事的養分。

有別於忙碌夢境，當本源被接通，並以夜夢的形式來揭示其最基礎與真實的結構時，我們稱它為「偉大夢境」；而當它是在白天出現時（就像它出現在少年納布希身上那樣），則稱之為「預示心像」（prophetic vision）。

無論是發生於夜間的「偉大夢境」，或白天出現的「預示心像」，都是唯一能夠創造意圖的夢境類型。當它們接近明亮燦爛的本源（只有「感覺」能夠在此生存與發展）時，就會開始推動卡瓦納（意圖）向前進展。

如何認出自己的偉大夢境

在白天突然出現一個強大的預示心像是非常好的事，雖然也許衝擊力十足，卻也足以讓人相信它的真實性。那麼夜間的夢呢？很顯然的，約瑟認為他的夢是如此重要，必須告訴每個人。

事實上，約瑟做了兩個不同版本的夢，而且他還冒著激怒兄長的風險，說了兩次！到底如此討厭又嫉妒他的兄長是誰？現在你肯定知道了，他們就是約瑟內在因為抗拒看到的畫面所引發的情緒反應，也是全人類以及身體本然的慣性傾向：我們的本能與欲望、我們粗暴的反應與混亂的情緒，還有那不願被意圖驅離的壞習慣。

這些罪魁禍首就像野獸一般，撕裂我們的彩衣，混雜所有顏色，還繁衍出忙碌夢境。它們不想讓我們與偉大夢境有任何關聯。面對這樣的困境，即使像約瑟那樣的聖人也幾乎要屈服了。他的哥哥們撕毀他的彩衣，將他丟進蛇坑，如此仍嫌不足，最後甚至把他賣給了以實瑪利人。

那麼，我們要如何辨識與驗證自己的偉大夢境？如何知道偉大夢境已經找上門了？又或者，我們需要如何去激發內在的偉大夢境？

偉大夢境有什麼特徵？它們結構完整、色彩清晰、簡潔、優美、具影響力，而且簡單。偉大夢境就像一首動人的詩歌，值得信任。或許也像個好情人：堅強、親切、溫柔而鼓舞人心。它又像燈塔，照亮並指引著我們，令我們永遠難忘。

然而，就像約瑟的兄長般，我們也千方百計想要摧毀它們。難道你不知道它們堅不可摧嗎？我們可以將之掩埋、扼殺、劈砍，但它們仍然會在最意想不到的時刻大放光芒。如果你以為自己從未被偉大夢境造訪過，你可能錯了。在我們之內的本源，從來不曾停止發光。

以下是憶起偉大夢境的方法：

練習。最初的記憶

呼氣三次。回溯你的過去，回到你第一個快樂的記憶。回想它，並熱切地去體驗那些神奇的細節與細微差異。再呼氣一次，然後從過去一路往前回到現在，認出這個最初的快樂記憶如何激發你的靈感，驅動你的人生。

如果你不容易找到最初的快樂記憶，可以試試以下的練習：

練習。面對自己的終極意圖

呼氣三次。想像你看到自己來到了生命盡頭。站在你面前的，是一個怎樣的人？看進對方的眼睛，在對方眼裡蒐集他的成就、特質，以及他所體現的本質。再呼氣一次，然後去了解是什麼讓眼前這個人成為他現在的樣子，並且認出這種驅動力正是你所尋找的意圖。如果可能，請為你的意圖命名。

不用擔心你最初的記憶是否屬實，或只是一種「屏障記憶」（screen memory，對某個事件的回憶，你可能是透過被告知，並且回想起來，似乎是真實發生，也可能這件事從未真正發生過），因為無論哪一種記憶都可以成為你個人的神話，它對你的影響才是最重要的。這兩個練習，不管是喚起你第一個強烈的快樂記憶，或是時間往前快轉到生命盡頭，都能讓你因為自身存在的根本目的而重獲新生。兩個練習都要做。記住，點燃意圖的，是蘊藏著強度與豐富性的預示心像。

不過，單一的預示心像就強大到足以讓我們持續前行嗎？即使我們自信滿滿，覺得已經找到了生命的基本目標，但這一路上，我們仍需要提醒與建議，也可能需要更明確的指引，就像連結起我們所有行動的光之橋。

你如何將這段旅程拆解成幾個部分，並在生命基本目標的大傘下，為你這段旅程的每個部分，發展出特定的意圖？這將是你的第九項任務。

第8章練習快速參考指南

彩虹：觸及本源（p.210）

呼氣三次。爬上彩虹，在每一個顏色之間嬉戲。留意每種顏色在你身上喚起的感覺，然後為這些感覺命名。再呼氣一次，走到彩虹盡頭去尋找埋藏在那裡的寶藏。

最初的記憶：憶起偉大夢境（p.215）

呼氣三次。回到你第一個快樂的記憶。再呼氣一次，然後從過去一路往前回到現在，認出這個最初的快樂記憶如何激發你的靈感，驅動你的人生。

面對自己的終極意圖（p.215）

呼氣三次。想像你看到自己來到了生命盡頭。站在你面前的，是一個怎樣的人？認出你的特質，並了解是什麼驅使你成為現在的你。想像這個驅動力是你所尋找的意圖，並為它命名。

| 第9章 |

荒原。戈爾迪之結。豐饒角

以清醒夢灌溉內在花園

〔猶太〕聖賢告訴亞歷山大：
「這是人類的眼球。它永不滿足。」
——《塔木德·獻祭文》32B

找到了人生真正的目標，找到了光之王子與公主，照理說，我們應該毫無掙扎，從此過上幸福快樂的生活。然而，那樣的美滿結局只發生在童話故事裡。雖然聽起來有點悲哀，但這可能是好事，畢竟藉由掙扎奮鬥可以讓我們保持健壯，並不斷完善進步。

在人生旅程的某些時刻，我們肯定會遇到戈爾迪之結（Gordion Knot）——也就是看似無法解決的問題。此時，如果我們一向就忠於心智的指引，勢必會試著去進行拆解、剖析或解構。我們的頭腦在面對難題時，經常費盡思量、不計一切的只想解決，這通常只會讓事情變得更糟。難解之結不會解開，答案也不會出現。就像作家陷入了寫作瓶頸、愛人遲遲不肯承諾、學生在就業選擇上舉棋不定，或是深陷僵局而動彈不得。

你現在已經知道，我們有兩種心智：邏輯心智與圖像心智。如果其中一種心智無法幫你脫困，何不試試另一種？

你跳過探戈嗎？這是一種充滿誘惑的交互表演形式。眼神銳利如匕首，步伐帶著敵意，舞者以各種形式交錯纏繞，一會兒緊抱，倏忽又放開，他引領，她魅惑。我希望你已經開始意識到，在這場精心設計的舞蹈中，蘊含著一種流暢的互動模式，它完美地模擬了我們意識心智與潛意識心智之間的合作關係。雙方在你來我往的舞步中，消融了老舊的模式，創造出新的生命模式。那麼，我們何時開始跳這支舞？又要如何跳呢？

當你還不是重生的鳳凰……

當事情的發展不如我們所預期時，我們往往會幻想著能過別人的成功人生。他們的一帆風順讓我們又羨又妒，卻沒有意識到他們也曾經歷過動盪起伏。事物中存在著不可抗拒的秩序，沒有人能夠對此免疫。正如《傳道書》所說：「哭有時，笑有時。」（3:4）

你與你所羨慕的對象之間，唯一真正的差別在於時機不同。他們像鳳凰，已從灰燼中重生，而你至今仍無法企及。就算你已擁有「發現人生目標」這一無價至寶，在朝目標進展的過程中，仍然還是得面對必定會有的艱難。

此外，可以確定的是，在這個過程中，你還必須處理生命中不可避免的無常、不合理與不公不義。或許你覺得人生很失敗的原因，只是因為你已經來到旅程某個階段的終點，正處於茫然的狀態，不確定該如何繼續走下去。

儘管《聖經》中約伯（Job）這個名字，已經成為人類掙扎和苦難的代名詞，但如果你完整讀過他的故事，會發現神的旨意是要他成為一個快樂的人，擁有智慧、健康、妻子、兒女、土地及許多羊群。

在面對試煉時，約伯的思維能幫得上忙嗎？所有理性邏輯思維都無法弭除他接連失去子女的可怕打擊。早先約伯確實說過：「我願與神理論」（《約伯記》13:3），但隨著苦難接踵而至，再深思熟慮的論點，恐怕也無足回應他撕心裂肺的哀慟。

我們的苦難或許不像約伯所經歷的如此巨大，但我們或多或少會以某種戲劇化的方式，面臨絕望挫敗、困頓委靡、空虛失落的時刻，或甚至只是輕微失焦的鬱悶。在這些時刻，邏輯思維似乎無法拯救我們。對於自身狀況的來龍去脈，我們能夠娓娓道來，卻沒有能力解決。我們裹足不前、推拖搪塞、執迷不悟，沉湎於矛盾之中。

我們的問題變成了戈爾迪之結，越來越複雜，越來越難解開。這是因為我們試圖用邏輯思維來解決問題，卻苦尋不到一處鬆散的繩頭。我們竭盡全力希望能解開這些結，卻發現自己在猶豫不決的泥潭中越陷越深。我們該如何擺脫困境呢？

不管是沮喪、恐懼、不安、羞辱……都去感受它

讓我們來聽聽亞歷山大大帝與「戈爾迪之結」的故事。故事開始於一輛古老的戰車，戰車放在佛里幾亞（Phrygia，小亞細亞的古國，位於安納托利亞中部的重要道路交匯處）首都戈爾迪烏姆（Gordium）衛城的宙斯神廟圍牆內，已經有好幾百年了。相傳，神話中的國王米達斯（Midas）之父戈爾迪，曾駕著這輛古老的木製戰車從馬其頓遷徙至此。他的到來應驗了當地的一個神諭，於是戈爾迪成為這個城市的國王，統治了整個佛里幾亞。

為了感念宙斯，戈爾迪將珍貴的戰車獻給了宙斯神廟，並在上面打了一個繁複多重的大結，牢牢綁住戰車的車軛和車轅。後來，一個與這精心設計的奇特繩結有關的預言開始流傳：誰能解開它，誰就能統治全亞洲。

亞歷山大大帝在與波斯帝國的著名戰役次年，來到了戈爾迪烏姆城（三年前，德爾斐神諭就曾預言這位二十歲的馬其頓新國王將所向披靡）。雖然一路征戰到現在，亞歷山大未曾辜負這個著名的預言，但在當時，整個大環境與情勢都對他不利。

事實上，他當時幾近彈盡糧絕，支付軍隊開銷的錢即將告罄。與此同時，小亞細亞的波斯軍隊新崛起一名出色的總司令，一位名喚「羅德的蒙農」（Memnon of Rhodes）的希臘雇傭軍將領，跟隨在馬其頓主力部隊後面作戰，贏得一場又一場的勝利。眼看著亞歷山大很可能在短時間內就會被

打敗，或許他最好還是調頭回去希臘。可是，如果他這麼做了，豈不是證明德爾斐神諭是錯的嗎？

這個用樹皮纏繞打造的巨大繩結，彷彿立於關鍵的路口，為亞歷山大此刻膠著的心緒提供了一個絕佳的隱喻。他會無視繩結與那眾所矚目的預言（解開繩結者將稱霸亞洲），帶著他的軍隊返回希臘嗎？這畢竟是個理性的選擇。還是，他會以一種許多人避之唯恐不及的激進姿態，迎向這個繩結的挑戰？

當亞歷山大與隨從們往衛城前進時，來自馬其頓與佛里幾亞的大批群眾緊跟在後，他們不單單是出於好奇。在滿懷期待的民眾圍觀之下，亞歷山大百般嘗試又無能為力地與繩結奮戰。經過很長一段時間後，這位年輕國王一貫的自信似乎正在消退。最後，他放棄了。根據研究亞歷山大的歷史學者阿里安（Arrian）的說法：「他沉默不語，駐足沉思了一段時間，還是不知如何解開。」

想像一下這個轉變：一位國王、一個征服者，充滿了英雄的張狂氣勢，此刻卻讓自己的意識驅動力臣服。他選擇停止自我批判的聲音，讓小我謙卑，面對未知的恐懼。他的偉大之處，在於有勇氣承認自己陷入了僵局：他的心智思維無法解決眼前難題。很顯然的，有「其他的事」必須發生。

練習。與自己不安定的心共處

呼氣三次。想像你和亞歷山大一樣，勇於與自己的矛盾、不安或空虛感共處，然後去感受它。

再呼氣一次，允許自己潛入問題表面之下的一個開放空間。請描述這個空間，以及你如何在裡面移動。有什麼東西正在吸引著你？

當心智承認失敗，不再嘗試解決問題時，感受情緒的空間就出現了。這不代表心智沉睡了，而是它離開了舞台中心，退到一邊，讓自己處於觀察者的位置。

它選擇暫停自己本能的判斷，把一心解決問題的驅力先平息下來。此舉可視為是心智的一種策略，為的是讓自己從中抽身出來，就如同雙人探戈的男舞者轉身跳到一旁、讓出空間，好讓他的舞伴綻放光芒。

試試看：當你放下求表現的壓力時，你會發現矛盾情緒不再以同樣方式困擾你。允許自己去感受任何浮現的情緒，並承認自己所經歷的一切，無論那意味著「我感到沮喪和羞辱」或「我愛著兩個女人」，或只是很簡單的「我不知道」。這會讓你沉入體驗的載體中，在這個屬於潛意識的領域，看似南轅北轍的兩種傾向是可以共存的。正是在這個矛盾情緒的大鍋裡，「其他的事」才會出現。

船沉在海底，這是恩典哪！

你的心智不再受到邏輯和線性思路的沉悶束縛，它現在是自由的，可以任意跳躍、翻轉、聯想、發明、創作或消融。那是你的內在女巫，就如同剛放學的孩子，充滿行動的爆發力。這種移動一開始是混亂的，很快就有了模式與方向：這孩子衝出教室，轉了幾圈後，朝不同方向一陣暴衝，最後跑向森林深處，身影在樹叢間時隱時現。

當這一切發生時，你心智中那個亞歷山大的部分在做什麼？它帶著從未有過的驚奇感，注視著。

我有種感覺，我的船
撞上了海底深處
一個龐然大物。
然而什麼事也沒發生！無事……沉寂……浪潮……
什麼都沒發生！抑或什麼事都發生了，
而我們正靜靜的處於新生活中？

——胡安．拉蒙．希門內斯（Juan Ramon Jimenez）〈海洋〉

一種新的生活出現了，一種與陳舊、沉悶、枯燥的理性迥然不同的生活。船沉在海底，喔，這樣的擱淺是恩典啊！那孩子呢？他正在森林深處，駐足嗅聞花香，與松鼠聊天，沐浴在暖陽下。鳥兒在飛翔，樹在風中沙沙作響，孩子唱起了歌。

奇特的是，同時擁有兩種心智狀態的你，當新的模式和方向出現時，你的意識會感到驚訝，而你的潛意識則在森林裡玩耍跳躍。你既是觀察者又是參與者，這很矛盾嗎？是的，但這正是體驗的真諦！我們的兩個面向可以同時和平共存。這難道不值得你面對恐懼、勇敢去探索嗎？

什麼事都發生了，然後呢？

這是否解決問題了呢？詩人說「什麼事都發生了」，但他只是個詩人，出了名的不食人間煙火，我們該相信他嗎？亞歷山大仍需要解開「戈爾迪之結」。讓我們來聽聽故事的結尾。

神廟廣場上，亞歷山大靜靜的面對那個結，圍觀的人群不時交頭接耳與鼓譟打氣。對於接下來會發生什麼事，就連研究他的歷史學者阿里安都說：「我沒有把握加以斷言。」

也許詩人會知道的更多。如果我們重構發生在亞歷山大身上的事，那麼我們可以推測，在他的腦海中，他已經縱身躍入理性之下，進入了「感覺」領域。這並非他第一次這麼做。更早之前，當他開始建立不可一世的豐功偉業時，就曾走進德爾斐當地女祭司琵西雅（Pythia）黑漆漆的洞穴深處，透過德爾斐神諭與自己相遇。

就如同琵西雅曾告知他的那樣，亞歷山大在這個內在聖殿裡再度被提醒，他是所向無敵的。在這裡，他意識到自己的人生目標，從而產生了全然的安全感。想實現人生目標的強大企圖心，觸動了亞歷山大的感受，激勵著他勇往直前。他不是靠理性來告訴自己如何解開這個結，而是「看見」

他必須運用自己的意圖。熊熊燃燒的企圖心之火，超越了理性的冰冷火焰，觸發了一個簡單、乾淨俐落的方法。

我們無從得知亞歷山大此時接獲什麼異象或聲音，可以確定的是，他突然抬起頭，大聲喊道：「用什麼方法解開，有差別嗎？」接著猛然拔出劍，一劍砍斷了「戈爾迪之結」。繩結斷開，也打開了征服亞洲的大道。在他之前那些面對戈爾迪之結挑戰的人，沒人想過可以這樣做。潛意識，是一種革命性的心智！

砍斷戈爾迪之結後，亞歷山大再也沒有回頭。數週後，傳來他的敵人蒙農突然病死的消息。接著十一月，馬其頓大軍在地中海沿岸東北角附近的皮納魯斯河（River Pinarus），一舉擊敗了波斯帝國軍隊。旗開得勝後，亞歷山大占領了波斯海軍的港口，逼他們退出戰爭。這也意味著，從埃及開始，現在他可以進入東方這個巨大的寶庫了。

當我們「觀看」，想像世界的花兒開始綻放

你可能會問，我們所臆測亞歷山大大帝這種有如神諭、自發性體驗的「清醒夢」（Waking Dream），與在第七項任務中的「引導式練習」有什麼不同嗎？你還記得，引導式練習都是以一個界定明確的誘導開始的嗎？但這裡是相反的情況：沒頭沒尾的糾結亂麻，陷入非此即彼的困局中，

無可名狀的不安、空虛及絕望，或者單純地想問，下一步是什麼？

在這種情況下，問題在於：問題是什麼？「清醒夢」並不是像我們在練習中所學的那樣，明確、直接的進入本源去叩問，而是對想像領域的一種開放式探索。

然而，當來自意志的指令被消音時，我們要如何去探索呢？這裡有個值得思量的現象：一如我們的探戈舞伴，當我們的兩種心智各行其是、獨立運作時，便會製造出我們所談論的難解之結。它們彼此之間需要逆轉各自的自然活動，才能運行自如：意識必須後退去觀看，而潛意識必須從隱藏處現身。

我們就把這現象稱為「回饋圈」（feedback loop）吧：意識的「觀看」啟動了潛意識的「展開」。少了意識的眼睛，潛意識不僅會持續隱藏，還會停滯、糾結。

沒錯，潛意識中的「戈爾迪之結」，目前為止在我們的討論中仍隱而未出。但在這裡，我們有機會去研究它。當我們「觀看」時，想像的世界開始移動、開展、成形，就像一朵花在溫暖的陽光下綻放。如同第一章所討論的，這樣的現象，正是鑽研混沌與秩序的學者們所謂的「奇異吸引子」。

這也正是我們所追求的：做一個觀察的參與者，充分去體驗從混亂中出現的「秩序」。當我們退到一邊時，就解放了潛意識的「混沌」大爆炸；同時從我們的觀看中（就像從回饋圈中），出現了一種調節運動。這就是「觀看」（總在尋找模式）從潛意識中喚起的「秩序」，而能有效斬斷戈爾迪之結的新生活也由此開展。

如同女巫預言般的能量——清醒夢

是否有什麼事讓你感到矛盾或衝突？你身陷困境嗎？是否不確定下一步應該怎麼走？你對自己是誰感到好奇嗎？你可以進行以下的練習。

練習。清醒夢

呼氣三次，想像你站在一片草地上。首先，看見並感受到草地上所有的一切，包括草、花、昆蟲、樹、其他動物、人、房子。抬頭看向天空，它看起來如何？太陽相對於你的位置是？現在是一天中的什麼時候？盡可能敏銳的感受這一切：草的氣味、花的香味、陽光的溫暖觸感（可能還有微風吹過）；聽蟲鳴、其他動物的聲音、風聲。如果有你想嘗嘗的東西，也不妨一試。重要的是，你要盡可能待在你的感官身體裡。再呼氣一次後，環顧四周，有什麼東西吸引了你？你想去那裡嗎？讓自己隨心所欲地移動，你唯一要做的，是跟著自己的感覺走，並看到自己在做什麼。

再呼氣一次，跟隨著這個移動（別忘了你是觀察者也是參與者），不管它會把你帶到哪裡。如果它帶你爬山，就去爬山；如果它帶你到一間小屋，你就進去小屋。記住，你正在探索。如果你感到害怕，恐懼會讓你退縮、爬到樹上、尋求援助，或乾脆停下來。但是，不要放棄探索，你要回到探索之路，直到你能像詩人所說的：「什麼事都發生了」、「我正靜靜地處於新生活中」。當這刻來臨時你會知道，因為你會感到心滿意足，準備好結束這個練習。再呼氣一次後，睜開眼睛，記住要讓自己落實大地，感覺到腳掌牢牢地貼著地面，而你的身體正穩穩地坐在椅子上。

剛剛進行的練習中，你做了些什麼？以倒敘的方式，對自己大聲描述整個過程，然後立刻將它寫在你的「清醒夢」筆記本上（這是你專為此準備的筆記本）。不要試圖去解讀你所看到的，只要接受這些影像就可以了。它們帶著一種能量，就如同女巫的預言般，擁有能夠激勵你的力量。要有耐心，或許你無法像亞歷山大那樣果斷地揮劍砍斷「戈爾迪之結」，但說不準，也許你可以。

荒原或豐饒角，你選哪個？

我們應該否認自己的潛意識中也存在著「戈爾迪之結」嗎？那些潛意識無預警的大爆發，那些始料未及的震驚、令人不悅或愉快的失控聯想：砍掉老闆的腳、把孩子扔進池塘、與閨蜜的丈夫舌吻、一把匕首插在你的心口上——我們該拿這些畫面怎麼辦？還有那些反覆出現卻無解的夢境畫面，令人不安又困擾，該如何面對？

如果我們置之不理、不加探索，它們很快就會變成我們隱藏的「戈爾迪之結」。我們也可以稱其為壓抑的情緒，就如同佛洛伊德所主張的理論，但我寧可將它們「視為」因為缺乏照顧而枯萎的花朵。很快的，我們就會有一座荒蕪的花園、一片荒原。我們如何處理無人照管的花朵？我們要用「看見」去灌溉它們，換句話說，我們要凝視著它們。

練習。與那些被忽視的夢境畫面對話

呼氣三次。回到你的夢境畫面（無論是白天的夢或晚上的夢），然後注視著它。允許它以任何想要的方式移動、開展、成形或改變形狀。如果它維持不動，對它說話、觸摸它，或從它那裡拿點東西（例如，把帽子從它的頭上拿下來，或者用食指去碰它一下）。繼續觀看，直到你感覺到完成為止。不用擔心你不知道何時可以做完這個練習，該結束時你就會知道。

現在，我們有了兩種可以開啟「清醒夢」的方式：一種是從一個開放的空間開始，另一種是從你目前想要探索的夢境畫面開始。無論是哪一種，探索的原因都是基於不安，而這種不安是心智所無法解決的。探索要謹慎為之，但只要需要就可以去做。你正在透過這些練習，學著讓你的兩種心智跳探戈。如果有「清醒夢」治療師的協助，練習起來可能會更容易一些；但如果你記得保持在遊戲的心態，並能讓遊戲有個開放性的結局，也可以獨自探險。好好享受你的探索，它們正在向你揭示你自己。

一路至此，顯然你已下定決心要看到真相。「清醒夢」不僅有助於解釋其中緣由，更重要的是，它還能為你示現，讓你看到隱藏的寶藏、豐盛、無限的創造力，以及你內在的豐饒。光是沉浸於內在豐饒角（cornucopia）*這樣的意象，就能有效砍斷無解的「戈爾迪之結」，讓你繼續征服你的亞洲大地，再朝著更好更遠大的目標前進。

你原本索然無味的沉悶世界，瞬間變得繽紛多彩，有著令人驚喜的發展，還有意想不到的轉折——你的花園盛開了！你成了舞技精湛的探戈專家。你正以一種超越認知的方式在改變。現在的你是否夠堅強，並且願意回頭去看看你悲傷的過去、那個至今無人照顧的花園？想想看，如果你用新的豐盛富足來澆灌過去，在你悉心關照的注視之光中，它也可能會變成「其他東西」。準備好要改變過去了嗎？這將是你的第十項任務。

---

* 編按：在宙斯神話中，cornucopia 是母山羊掉落的一隻羊角，宙斯允諾仙女可以從這隻羊角中倒出她們想要的任何東西，而且取之不盡、用之不竭。

第9章練習快速參考指南

與自己不安定的心共處（p.223）

呼氣三次。勇於與你的矛盾、不安或空虛感共處，然後去感受它。再呼氣一次，允許自己潛入問題表面之下的一個開放空間。請描述這個空間，以及你如何在裡面移動。有什麼東西正在吸引著你？

清醒夢：探索你的潛意識領域（p.229）

呼氣三次。想像你站在綠草地上，你看見並感受到草地上所有的一切。再呼氣一次後，環顧四周，有什麼東西吸引了你？跟隨著這個移動去探索，直到你感到心滿意足，並準備結束這個練習。再呼氣一次後，睜開眼睛。用倒敘方式對自己描述這個清醒夢，全程都要睜開眼睛。感覺你的腳掌牢牢地貼著地面，而你的身體正穩穩地坐在椅子上。

與那些被忽視的夢境畫面對話（p.231）

呼氣三次。回到你的夢境畫面（無論是白天的夢或晚上的夢），然後看著它移動、開展、成形或改變形狀，直到你感覺到完成為止。如果它不動，要對它說話、觸摸它，或從它那裡拿點東西。

第10章

當淚水開始流動，河流才會回歸海洋

回到過去，修正你的「故事」情節

你也要記住你在埃及地做過奴僕，
耶和華你神用大能的手和伸出來的膀臂將你從那裡領出來。
——《申命記》5:15

你認為，我們能記得過去嗎？回頭看看。你可能對曾經的高峰與低谷、歡樂與痛苦記憶猶新，就如同一名園丁環顧盛開的花園時，挑得出最怒放的花，而最礙眼的雜草也難逃他的眼睛。當他走在花園時，當然也會留意到這裡的一片特殊葉子、那裡的一枚花瓣，或一處讓他特別愉悅或打動他的景致。

記憶也是如此。記憶是選擇性的，它能欣然辨識出極大的喜悅，或對某件神奇的事仍覺不可思議，也會記住一些毫無意義的細節。但是，如果誠實地加以檢視，你會發現那些最常浮現在腦海的記憶大都是不快樂的。

可惜的是，我們的記憶最常卡在這裡。當然，我們可能對失去的快樂念念不忘，但會讓我們花時間沉湎其中的記憶，不是快樂，而是遺憾與失落。大部分時候，我們會卡在不愉快的記憶中。一如托爾斯泰所言：「幸福的家庭都是相似的，不幸的家庭卻各有各的不幸。」

幸福沒什麼故事性可言，我們更喜歡戲劇性、悲劇和痛苦。就如同食槽之於豬，我們為法國人所說的「痛苦之蜜」所吸引。是什麼讓痛苦如此吸引我們？難道現在的我們還有一部分仍身陷過去的泥淖嗎？並非如此，因為過去的泥淖早已不復存在，我們是困在過去泥淖的畫面中，還帶著不斷延展的情緒至今。這個部分的我們仍然感覺受傷，仍然哭喊著求救。

時間是循環不息的，只是在我們看來，它像是一去不復返的線性發展。我們有開始、有結束，注定會死去。不幸的是，隨著年紀增長，許多人感覺到背後像是有一大堆垃圾在推擠著我們，而且這堆垃圾每時每刻都在變大。未來令人生畏，過去又一路追趕，威脅著要毀掉我們，我們要往哪裡躲藏呢？未來已是無可逃避，那我們可以逃離過去嗎？

失去純真的我們，被逐出了伊甸園

在《聖經》中，關於人類的第一個故事（在他們被創造之後），是一個失去純真的故事。這也是我們個人過往經歷的第一個「故事」。難道我們注定要重蹈亞當夏娃的覆轍？即便在一切豐盛富足的伊甸園裡，「園中各樣樹上的果子，你可以隨意吃」，但有一條禁令：「只是分別善惡樹上的果子，你不可吃，因為你吃的日子必定死。」（《創世記》2:16-17）

你聽到媽媽說：「你可以在我的廚房裡做任何想做的事，但手不要靠近火！」很顯然的，媽媽的這個規定是出於對你的愛。同樣的，上帝也是基於愛，才對人類設下規則。

夏娃是最完美、最和善、最純淨的存在；你也是一個清新而單純的孩子。所以，發生了什麼事？在希伯來文中，「蛇」這個字是 nachash，也有誘惑者、魔法師的意思。蛇說了什麼來說服夏娃？牠說，你若吃了那果子，「你們便如神能知道善惡。」（《創世記》3:5）

如神一般，這不正是夏娃想要的嗎？當你還小的時候，不也想要跟媽媽一樣，並像她那樣能把手靠近火？對年幼缺乏經驗的你來說，模仿是非常具有說服力和誘惑力的，但是，為了讓你遠離危險，服從是必要的。

接下來會發生什麼事？你被燒傷了。為什麼你會受傷，媽媽卻沒事？於是，純真受到了傷害，突然間你感覺到自己與別人不同，覺得不舒服、被放逐了，就跟夏娃一樣，你被逐出了與萬物合一的花園，與你所愛和所信任的人分離了。**分離，是第一個創傷**。

更糟的是，你感到困惑不解。對媽媽而言是好的事物，為何對你卻是不好的？你無法分辨好與壞，就如同夏娃吃下那個混合著善與惡的果子後，也無法分辨一樣。然而，當你吃下的是禁果時，你又如何能夠分辨好與壞呢？

複雜的夢境是為了掩藏痛苦

弔詭的是，分離卻帶來了恰恰相反的結果——混合。還記得你那些忙碌夢境嗎？充滿了不安、躁動與渴望，但也有一些美好的時刻。它們的忙碌，是因為一切都混雜在一起，其中有好也有壞，你不太容易辨識出其中差異。

回到你記得的那些痛苦事件：你愛你父親，但你違背他的意願，借走了他的相機（這樣你就可以模仿他，做到「跟他一樣」），然後你把相機弄壞了。你不聽他的話，出了狀況，於是你受到父親的懲罰。結果是：你充滿了恐懼（對不起，我不是故意的！求求您！），但同時也對可能的後果感到焦慮（爸爸會如何對我？）。你愛他，而他卻懲罰了你。

他怎麼可以這樣對你？你的純真深受傷害。你要如何釐清這種內在混亂？你的困惑可能至今依舊如影隨形。如果是這樣，那你還活在噩夢裡。

現在我們來看看《聖經》的第二個故事，事情變得更糟了。亞當與夏娃被逐出伊甸園，他們的兒子該隱與亞伯正在準備供物獻給神。當他們獻上供品後，很明顯的，神喜歡亞伯勝於該隱。

為什麼會這樣？為何神喜歡亞伯勝於該隱？一切看似對該隱不公平：他因為父母所做的事而受懲罰、被逐出伊甸園，這讓他有理由感到憤怒。由於他對神心懷憤恨，所以獻祭時有些不情願。神明確表示，祂不喜這種禮到心不到的獻祭，這讓該隱很不舒服，「該隱就大大的發怒，變了臉

色。」（《創世記》4:5）

該隱找不到解除憤怒的方法，反而加深了自己的挫敗感。最後，他拿起一塊石頭扔向亞伯，把弟弟殺死了。

這已經不只是「忙碌夢境」了！這是噩夢啊！「你必流離飄蕩在地上。」（《創世記》4:12）就像該隱一樣，如果類似的事發生在我們身上，我們會不會也擔心自身安危、試圖躲藏起來、六神無主的遊蕩、終日惶惑不安？這些不都是噩夢所喚起的情緒嗎？

後來，該隱的後代拉麥（Lamech）將騷動的該隱誤認是動物，而殺了該隱。拉麥被罪惡感折騰，後又殺死了自己的兒子。「壯年人傷我，我把他殺了；少年人損我，我把他害了。」（《創世記》4:23）拉麥悲嘆。

透過這些故事讓我們看清，最初的分離之痛（夏娃無知的不服從）是如何造成**恐懼**和**焦慮**的，從而導致該隱的**憤怒**與**沮喪**（以及殺人的怒火），然後進一步演變成拉麥的悲劇（因為是意外，所以是無辜的）——親手殺死了自己的兒子（為此，拉麥的兩位妻子以疏離來懲罰他），引發了他的**罪惡感**與**怨恨**。

想像一下，你對父親滿腔怒火，氣得想殺了他，你還在腦子裡編排各種如何殺人的情節。然後，如果你父親真的發生了不幸，你就會有罪惡感，而這樣的罪惡感會扼殺了你的自發性（也就是你的「兒子」）。於是，原本流暢的創意戛然而止，而你的「妻子們」（也就是你的想像力）拒絕安撫你。此時怨恨會像堵塞的汙水，持續在混亂中翻湧著。現在，這成了一個反覆出現的夢！

恐懼和焦慮、憤怒和沮喪、罪惡感和怨恨，這些可怕的混亂，都是來自最原始的分離創傷。這些負面情緒使我們躲避所愛的人（「那人和他妻子聽見神的聲音，就藏在園裡的樹木中，躲避耶和華神的面。」〔《創世記》3:8〕），為的是掩飾自己——很快的，我們甚至對自己也開始閃躲隱藏！我們忽視自己的痛苦，刻意編造複雜的「故事」來蒙蔽自己和他人。就這樣，我們把痛苦深埋，留給自己無止境的磨難。

分辨好與壞、善與惡

柯列總是禁止學生使用「困惑」一詞。不過，誰能否認我們經常感到困惑、混亂、不安、不快樂與困頓呢？這也是我們當初會找上柯列的原因啊。她不許我們「感到困惑」，這點是否再次傷害了我們的純真呢？

顯然的，我們生活在一個萬物分離的世界，但同時，「所有事物相互依附，無論純淨或不純淨」。生活在這樣的世界，我們要如何從雜糅著外在及自身令人困惑的體驗中，去釐清分辨好與壞？換句話說，我們能區分何者為潔淨的（kosher，適合消費的），何者為不潔淨的（taref）嗎？

柯列要求我們明確地描述出，在這些讓我們感到困惑的情緒中，究竟包括哪些元素，藉此給了我們一個線索與考驗。同樣的，希臘女神賽姬的婆婆阿芙蘿黛蒂（Aphrodite）也給了她一個線索與考驗，做為她回到丈夫厄洛斯（Eros）身邊之前必須完成的任務之一：將穀倉中，豐收女神席瑞絲（Ceres）用來餵食無數鴿子的全部穀物，仔細挑揀分類。

練習。分揀好穀子與壞穀子

呼氣三次。想像你面前有一大堆穀物需要挑揀，你的工作是把好穀子挑出來堆在一起，也把壞穀子另外堆成一堆。你要如何完成這個任務呢？

你的完成度有多高？賽姬得到了幫助，因為厄洛斯渴望她回來，而賽姬也一心想回去，於是厄洛斯指派附近的螞蟻大軍，協助她完成這個不可能的分類任務。螞蟻是出了名的勤奮、有耐心，牠們一做起事就不會停下來。你或許已經猜到，這是一個從未真正完成的工作。

無論我們有多進化、具備多麼高尚的靈性與人格，仍然會有外來的情緒潛入我們所有的關係裡，試圖搞破壞。我們應該因此感到絕望，放棄這個看似不可能的任務，不再試圖識別並轉化我們的負面情緒嗎？或者，我們應該像自律又勤快的螞蟻，繼續堅持下去？

試想，如果你不堅持下去，會發生什麼事？你所積累的恐懼與憤怒，會像一間從未通風及打掃過的房子裡所堆積的東西，多到難以清除，甚至無法再繼續住下去。未解決的情緒和受挫的欲望盤據著我們的腦海，擠壓著我們，侵擾我們眼前的生活，混淆我們對未來的願景。我們是不是到了該做些改變的時候了？

如果你是黑暗洞穴，野獸就會前來蟄伏其中

在我們開始整理過去並進行修正之前，我要先幫你檢視一些看似強大的力量。在我們試圖與困擾已久的過去奮戰時，這些力量會形成一股阻力。

讓我告訴你，為什麼要放下深埋的痛苦會有這麼多的阻力——無論是來自意識或潛意識層次。假設在你很小的時候，你的酒鬼老爸遺棄了你，你被焦躁又充滿恐懼的母親撫養長大，動輒對你大吼大叫。你覺得自己在成長過程中會看到生活中的美好嗎？

不會，相反的，你的身體為了保護自己，更有可能長期處於退縮狀態，藉此來對抗被遺棄及焦慮感。雖然這些反應，精準地表達了你對幼年那些經歷的感受，但這種由本能產生的心理防衛機制，其實從未真正保護過你。

首先，它使你更容易被那些表現出攻擊性、酗酒或情緒不穩定的人，觸動情緒的「反應按鈕」，就像你父母很久以前對待你那樣。你對這些人的極度敏感源自你的感知，因為他們提供了某種你非常熟悉、能夠識別出來的東西。

這股熟悉的拉力是如此強大，以至於你第一時間忘了這些人也一樣會拋棄你、羞辱你。你告訴自己：「這次不一樣。」但在你意識到之前，你已經被那些熟悉得不得了的噩夢所蠱惑。

你很難從這個噩夢醒過來，因為過去告訴你，這個噩夢是唯一的「實相」。由於「奇異吸引子」法則（參見第一章），你已經看到你的噩夢一次次重演：你被每一個與你建立親密關係的男人／女人拋棄了。

有時候，這種沒有回報的模式會讓你痛定思痛，決定做點什麼。你可能採取了行動，也確實帶來一些改變，然而過程中卻有不愉快的發現，這些發現很可能導致你的新生活戛然而止。

我所說的是**我們所有人都會有的那種對未知的恐懼——一種巨大，但常常未被承認的恐懼**。這種恐懼的威脅，再加上我們成長期間如重力般的拉力，讓我們很難打破噩夢的模式。你怎麼可能一下子就敞開心擁抱新事物，去接受你一直無法相信的東西？一直以來，你所相信的都是：生活是困難的、貧窮是必然的、孤獨是你的命運。你的人生已經一次次證明給你看了。

如果我告訴你，還有其他的可能性，你大概不會相信我。你甚至會覺得自己被羞辱了，以為我無視或詆毀了你的純真所受的傷害。但我還是要告訴你：你**可以**改變你生命中的這些模式。

你已經走到這裡了，知道自己並非無能為力，也知道你是自己人生的共同創造者。現在就請你善用這些知識，去看到當你允許自己被一個關於遺棄的噩夢所蠱惑時，你必然會召喚來將會拋棄你的人，好讓這個夢完成。

我們都是如此。我們將夢中的「故事」強加給這個世界，讓它們像一張張飢餓的嘴巴等著被填滿。如果我是一只手套，就會有一隻手伸進來把我填滿；如果我是個黑暗的洞穴，野獸就會前來蟄伏在我之內。唯有將洞穴般的姿態伸展開來，我的「故事」才能有所改變。

如果我**真的**向外伸展開來，洞穴瞬間會消失，野獸就無處可蹲伏了。牠要麼改變牠的「故事」來適應我的新結構，並在這過程中轉變牠野獸般的姿態，要麼就離開去尋找另一個洞穴。

你願意冒險改變你的「故事」嗎？不再感覺被拋棄？勇於面對未知，好讓你的新結構出現？你已經在夜晚的夢中做到了，那麼何不回到過去試一試呢？

第一步：回到你的痛苦源頭，承認它

第一個創傷是分離（另一個說法是「阻擋」）。你想要與母親、與神合而為一的渴望受阻、被剝奪了。回到第二章的圖表。當你的本能被制止、當你無法完成自己最深切的渴望時，你那派不上用場的能量（用來**滿足**你的渴望）會流向他處，轉而點燃起你的反應機制（恐懼與憤怒的情緒，見頁八九圖3）。當恐懼與憤怒無處可去時，它們便滯留成一潭渾濁死水。受到限制的這些情緒會變得焦躁不安，再衍生成焦慮、沮喪、罪惡感和怨恨（見頁九二圖4）。

不消多時，更多的「惡之華」*——失望、沮喪、無望、絕望、怯懦、懶惰、愚昧、無知——

出現了。到此階段，所有負面情緒已經混雜流入一大池渾水中，你要如何承認你的痛苦？你又如何能夠加以分辨呢？還記得我們在第五章介紹過的猶太「舒瓦」（Tshuva，即「轉向」或「返回」）概念嗎？

你的目標是回到能量輕鬆流動的和諧之地，但在做到這點之前，你必須先回到你的痛苦源頭。下面的練習告訴你要怎麼做。

練習。逆轉恐懼與焦慮

呼氣三次。回到你第一次感到恐懼與焦慮的時刻，你當時幾歲？發生了什麼事？地點在哪裡？涉及到的人有誰？允許自己感受當時的痛苦，不要逃避。承認你的痛苦。再次與它分離是一種傷害，你不會想要這麼做。充分去感受它。緩緩呼出一口氣，然後往前走到你記憶中感到恐懼與焦慮的下一個場景與事件。就在此時此刻，盡量再次經歷你所能記得的所有令你感到恐懼與焦慮的事件。持續隨著時間向前推進，直到你來到眼前的這個時刻。

＊編按：「惡之華」是法國詩人波特萊爾（Charles Pierre Baudelaire）著名詩集，內容充斥著腐朽、頹廢、死亡與性，一八五七年出版時，一度被認定為有傷風化。

去感受你的痛苦！想要幫助一個受苦的孩子，你不能直接告訴他不要哭！首先，你得安撫他。你若不安撫他，他有可能會為了討好你而停止哭泣，但他不會與你**合而為一**。你們之間仍存在著分離感。

最終，你看到他已經不再流淚，以為危機解除了，然而他的淚水不再流，是因為淚已結晶。很快的，這孩子會生活在「淚水的房間」裡。你的任務是去找到那些結晶的淚水，允許它們再度流動。你的「看見」，將如同雙親般安撫了眼淚。當你的淚水流動起來，河流才會回歸海洋。此時，轉向、重返的「舒瓦」於焉展開。

修復與淨化

最初始的海洋在哪裡？在你母親的子宮裡，那是你生命開始之處；在神清澈的水中，那是伊甸園的所在。「有河從伊甸流出來。」（《創世記》2:10）為了要回到這個完美之地，請允許你的痛苦在淚水中、在對「舒瓦」（重返）的歡喜期待中一掃而盡。那些關於痛苦的共鳴，那些「故事」，是你必須要清除的。

猶太人傳統中還有一個「提昆」（Tikkun）的概念，意思是「修復」。你現在可以開始修復你的過去了。

練習。修復練習

呼氣三次。想像你有一把堅固耐用的花園掃帚，是那種用樹枝綑綁成的傳統掃帚。你還有一條功能超強的花園水管與一把刀，隨時可能需要派上用場。回到上一個練習裡你去過的所有場景，從最後一個開始倒序向前，將每個場景會引起恐懼與焦慮共振的東西，都往左邊掃出去。如果這方式起不了作用、你仍然覺得被困住，請使用水管，有必要的話，也可以用刀子切斷共振。如果你不想再見到當時涉入其中的某些人，也可以把他們掃走。記住，一定要往左邊掃出去。持續這樣的清理，直到你回到第一個傷痛的記憶。然後，把所有共振掃走，重新回到你母親的子宮裡。如果這讓你覺得不舒服，就觀想自己正沐浴在神安置於地球上的清澈水域裡。你再次成為祂完美的孩子，經過了校準、更新，你現在可以完美重生了。

你今天已經竭盡所能的淨化自己了，明天你可以再做一次，後天再做一次，會有更多事件、更多細節從泥水中浮現出來，等著你清理。你正在把好壞分類，去蕪存菁。

立足於全新的過去

你必須把新的自己帶回這個世界、帶回當下，你的回歸才算完成。雖然我們一直生活在眼前的世界，但未必真正活在當下。想想看，當一堆恐懼與焦慮重壓著我們，占據我們的注意力時，我們怎麼可能真正的活在當下？現在，你也能像拉比阿基貝一樣，進入伊甸園並從那裡出發，開始你的旅程，然後回到當下。在這裡，你可以盡情享受新的自由，活得淋漓盡致。

練習。新的過去，新的現在

呼一口氣。想像你完美的重新出生。再次看著自己穿越生命中所有困難的事件與場景，就像上面你做過的練習那樣。但現在，這些過去已經擺脫了舊的共振，雖然發生過的事實仍是一樣的，但你已不再受它們牽制。你自由來去，不再受到束縛，從而創造了一個「新的過去」。你穿越過每個場景，一路來到新的現在，全然地活在這個新的當下。

未來願景長出了翅膀

現在，你的過去與現在都是嶄新的。那未來呢？老舊的「故事」已逝，雖然發生的事實不會改變，但你看待它們的方式與感受都不同了。你不再是犧牲者，也不再是無辜的受害者。你的故事已擺脫那些情緒的糾結，現在可以讓自己放鬆下來，沉入前所未有的感受深處。

雖然你可能會失去一些驅動故事情節的線性感知，但你也可能會體驗到一種前所未有的靈光乍現，那是種我們認為存在於快樂時刻的永恆感。突然間，你的未來願景彷彿長出了翅膀！你可以躍升到革命性的全新視角。但要記住，不要勉強，這個過程無法刻意為之。允許你的夢境再次為你指出方向。

練習。全新的未來

呼一口氣，看見自己處於新的未來中。看到一個月後的自己。你看起來如何？你在哪裡？是一個人或身邊有人？你正在做什麼？有什麼感覺？慢慢呼氣一次，看到三個月後的自己。現在的你看起來如何？再呼氣一次，看到一年後的自己……再呼氣一次，看看五年後的自己。慢慢呼氣一次，回到你全新的現在，感受一下新生活中的自己。你嶄新的過去與未來，讓你牢牢扎根於全新的當下。

給自己充分的時間去做這些練習。我們稱這些練習為「逆轉過去」。每天練習，持續三週，然後暫停一週。如果你覺得尚未清理完關於**恐懼**與**焦慮**的所有記憶，可以再進行一次這組練習（做三週，停一週），或者繼續處理另一組**憤怒**與**沮喪**的練習（有需要時，你隨時都可以再回去處理「恐懼與焦慮」）。

在你完全清理掉所有可能的憤怒與沮喪的記憶之前，不要放棄。這個過程可能需要幾個月，或甚至好幾年的時間，畢竟這些記憶都是經年累月堆積下來的。完成後，再接著處理**罪惡感**與**怨恨**。

相對於**恐懼**與**焦慮**，你也許會發現自己對**罪惡感**與**怨恨**更有共鳴。你可以自行調整順序，唯一要注意的是，在所有傷痛沒有完全消解之前，不要停下來。

如何處理剛發生的「過去」

清除了舊的過去，你還會任由新的痛苦累積嗎？你好不容易才區分了好與壞，現在你必須學會在事情發生的當下就去處理。以下這兩種簡單的練習，你可以在事發當下立刻進行。先嘗試閉上眼睛練習，一旦學會了，你也能睜著眼睛練習而不會引起他人注意。

練習。黑色三角形

深深的呼氣，看到自己呼出灰暗的氣體，在眼前聚集成一個由黑煙組成的三角形。繼續呼出黑煙，直到你呼出的氣變得清澈、透明。現在，對著這個三角形用力呼氣，把黑煙吹散成千千萬萬的小碎片。再次呼氣，看到這些小碎片消失不見。第三次呼氣，看著你眼前的空氣完全被清理乾淨。緩緩呼氣一次，睜開眼睛。

如果你需要更快速清理，可以觀想自己在呼出三次氣的同時，把所有困擾你的事情都一併呼出、吹走。

以下還有一個快速的方法，可用來處理新近發生的事。

練習。清掃落葉

呼氣三次。想像你正站在一個老舊鄉村小屋的門廊上，地板上滿布著落葉。你用一把結實的園藝掃帚，將落葉掃成一堆。再呼氣一次，把這堆落葉往左邊掃到門廊外面。緩緩呼氣一次，睜開眼睛。

為了讓我的學生記得做這個練習，我給了他們一支微型掃帚，讓他們可以放在辦公桌或家裡做為提醒。我們太健忘了，一不小心就會讓我們的「故事」再度攀爬上身。災難性的聲音、焦慮的影像、愧疚的姿勢，所有這些都必須被「看見」與被承認，然後再將引起的共振都往左邊掃出去。

如果你持之以恆的練習，所有舊的共振及共鳴都會消失。如果你忘記練習，你將會退回到老路上，因為夢境中沒有什麼是靜止的，就像假如我們不練習站直的話，重力就會把我們拉彎。你只能二選一，要麼選擇美好的事物，要麼重新陷入混亂中。如果你擇優棄劣，新的生活就能為你帶來曙光。你會這麼選嗎？

清理過去，是一項艱巨的任務。要確保你已經徹底檢查了你能挖出的每一個殘存的記憶，因為你的下一個任務會比之前的難度更高：讓自己牢牢扎根於你所選擇的新生活中。你準備好成為一位「回歸大師」或「回應大師」（baal tshuva）了嗎？你準備好完善你的「人生規畫」了嗎？這將是你的第十一項任務。

第10章練習快速參考指南

分揀好穀子與壞穀子：釐清困惑（p.241）

呼氣三次。想像你面前有一大堆穀物需要挑揀，你的工作是把好穀子挑出來堆在一起，也把壞穀子另外堆成一堆。你要如何完成這個任務呢？

逆轉恐懼與焦慮（或憤怒與沮喪、罪惡感與怨恨）（p.245）

為了清除和改變過去，你可以逆轉以下任何一組情緒，可以按你想要的順序進行：(1)恐懼與焦慮、(2)憤怒與沮喪、(3)罪惡感與怨恨。

呼氣三次。回到你第一次感到恐懼與焦慮的時刻。當時發生了什麼事？它位於你身體的哪裡？涉及到的人有誰？充分感受當時的痛苦。緩緩呼出一口氣，然後移動到你記憶中感到恐懼與焦慮的下一個場景與事件。以這樣的方式，盡量再次經歷你所能記得的所有令你感到恐懼與焦慮的事件。沿著時間向前推進，直到你來到眼前的這個時刻。

修復練習（p.247）

呼氣三次，想像你有一把堅固耐用的花園掃帚。回到上一個練習，從最後一個倒序向前，重新再走一遍你去過的所有地方，將每一個地方會引起恐懼與焦慮共振的東西，都往左邊掃出去。如果你不想再見到當時牽扯進來的某些人，也可以把他們往左邊掃出去。如果掃帚起不了作用，可以用上功能強大的水管或刀子。持續清理，直到你回到第一個傷痛記憶為止。清理完後，返回到你母親的子宮裡，或是觀想自己正沐浴在神安置於地球上的清澈水域裡。

新的過去，新的現在（p.248）

呼一口氣，想像你完美的重新出生了，然後穿越生命中的所有困難事件，在那裡，所有舊的共振都已經清除了。你自由來去，不再受到束縛，從而創造了一個「新的過去」，接著你一路走到新的現在。

全新的未來（p.249）

呼一口氣，看見自己處於新的未來中。看到一個月後的你，你看起來如何？你在哪裡？是一個人或身邊有人？你在做什麼？有什麼感覺？呼氣，看到三個月後的自己。你現在看起來如何？你在哪裡？呼氣，看到一年後的自己。你現在看起來如何？你在哪裡？呼氣，看看五年後的自己。你看起來如何？你在哪裡？再次呼氣，回到全新的現在，感受一下享受新生活的自己。你的新過去與新未來，讓你牢牢地扎根於新的現在。

黑色三角形：學會傷痛一出現就清理，以免堆積殘餘情緒（p.250）

呼氣，把你呼出的氣看成是一團黑煙，在你眼前聚集成一個三角形。繼續呼出黑煙，直到你呼出的氣變得清澈、透明。現在，對著三角形用力呼氣，把三角形的煙吹散成千千萬萬的小碎片。再次呼一口氣，觀想這些小碎片融解消失。第三次呼氣，看著你眼前的空氣完全被清理乾淨。緩緩呼氣一次，睜開眼睛。

清掃落葉（p.251）

呼氣三次。想像你正站在一個老舊鄉村小屋的門廊上，地板上滿布著落葉。你用一把結實的園藝掃帚，將落葉掃成一堆。再呼氣一次，把這堆落葉往左邊掃到門廊外面。呼氣，睜開眼睛。

第11章

大師遊戲：完善「人生規畫」

將靈魂錨定在偉大夢境中

誰是英雄？能克制自己傾向的人。

——*AROT* 4:1

你們得救在乎歸回安息；你們得力在乎平靜安穩。

——《以賽亞書》30:15

古老的卡巴拉信仰有個說法：如果世界上所有的猶太信徒都遵守安息日，彌賽亞就會降臨，為我們擾亂不安與充滿痛苦的生活帶來平安與和諧。在尚未能集所有猶太人之力一起遵守這項儀式的情況下，我們是否仍然可以把自己「內在的彌賽亞」帶到這個世界？我們能否用愛與善，來取代被動的反應與被壓抑的欲望？

你已經學會了分辨你的要求、期待、需要與欲望，也學會了認清自己的反應。你會容許自己被它們控制嗎？或者，你能否從猶太人在安息日經常玩的那個「暫停」遊戲中，學會在情緒生起時抓住它們，好將它們的能量轉向「更好」的方向，以完善你的夢行者修練？你能想像把情緒轉化為感覺——憤怒轉化為愛、恐懼轉化為勇氣、罪惡感轉化為自由嗎？

身為夢行者，你一生的最高任務，就是把天堂具象化，並帶到這個世界。當天堂的善、愛與和諧從你的心裡照耀在世上時，它們不僅會影響和改變你自己的生命，也會改變你所遇見的每個人。做為一個真正的夢行者，能夠為自己的夢行能量指引方向的人，你可以成為眾多的燈塔之一，幫助這個世界轉變成一個更美好之地。

把恐懼轉化為勝利

巨人歌利亞，身經百戰的戰士，令人望而生畏。根據《聖經》記載，「他自幼就作戰士。」（《撒母耳記上》17:33）歌利亞「身高六肘零一虎口」*，是個頭戴銅盔、身穿鎧甲的巨人。光是他的鐵槍頭，就重達六百舍客勒（約當六・八公斤）。以色列人一看到這個非利士人的勇士，「就逃跑，極其害怕。」（《撒母耳記上》17:24）你第一次看到恐懼出現在你的夢境中時，也是如此害怕——那是一個巨人、食人魔，隨時想要貶低、輕視及碾碎你。

你的每一種情緒都披著如噩夢般的外衣，代表著不同的特質：噴著氣的龍、老巫婆或綠斑點的怪物，可能是你的憤怒、你的惡意、你的懶散。不過，你未必會記得，情緒只是以這樣或那樣的方式偽裝起來的能量（參見第二章）。而一切就看你自己，看你是否決定使用手中的夢行者魔法棒，來轉化這些可怕的影像。

你已經學會如何在意識清醒的白天重新進入夢境，去面對那些你在夜晚的噩夢中看到的可怕畫面。不過，現階段的你，還沒能完美掌握到如何在白天情緒生起時及時補捉並加以轉化。你的情緒看起來仍很危險、令人反感、令人沮喪，即便對你這個與情緒共存著的人來說也是如此。你會像以色列人那樣「極其害怕」，不願意也無法挑戰自己的情緒怪物嗎？

歌利亞神色陰鬱地對選擇與他作戰的以色列戰士談條件：「他若能與我戰鬥，將我殺死，我們就作你們的僕人；我若勝了他，將他殺死，你們就作我們的僕人。」（《撒母耳記上》17:9）

只有大衛，這個個頭最小、最謙卑、最年輕的以色列人，願意接受歌利亞的挑戰。當時的以色列王掃羅看到大衛如此弱小，就讓大衛穿上自己的盔甲。但大衛不願意使用任何他未曾試過的東西，於是他把掃羅王所賜的盔甲脫下來。他不打算用自己的「力量」去對抗歌利亞，因為這樣他肯定會輸。大衛決定智取。

大衛在戰場上對歌利亞說：「你來攻擊我，是靠著刀槍和銅戟；我來攻擊你，是靠著萬軍之耶和華的名，就是你所怒罵帶領以色列軍隊的神……使普天下的人都知道以色列中有神。」（《撒母耳記上》17:45-46）

大衛的武器再簡單不過，是當時牧羊人用來保護羊群的投石索。他用一顆石頭擊在了歌利亞的

＊編按：一肘大約是四十六公分、一虎口的長度約二十二・二公分，因此歌利亞的身高六肘零一虎口大約近三公尺。

雙眼之間，巨人倒地，恐懼瞬間轉化為勝利。前一刻還驚恐萬分的以色列人，現在卻團結一致，齊心協力地衝向非利士人，取得壓倒性的勝利。

只需要一個瞬間、一個視線的轉移，恐懼這個食人魔就會變成我們卡瓦納（意圖）的僕人。正如大衛所說：「我來豈沒有緣故嗎？」（《撒母耳記上》17:29）以色列永生神的偉大是大衛應戰的理由，就像所有偉大的夢行者所做的，大衛將目光轉向神的偉大，因而能夠**轉換**自己的能量。突然間，出現了一個管道，將恐懼所激發出的能量引導到最有利之處：捍衛他的神。

把大衛被點燃的情緒，想像成電力的發射：電本身雖然危險，但當它被正確引導時，卻能照亮一座城市。引導能量的，是大衛的意圖，而被它照亮的城市，我們稱之為「感覺」。

為什麼是感覺？**情緒與感覺之間有何區別**？我們之前曾提過這個問題，現在可以進一步來探討。一般來說，情緒與感覺之間差別不大，但如果你仔細觀察，將會發現到一個根本上的差異。閉上眼睛，在下面的練習中仔細看看。

練習。分辨情緒與感覺

呼氣三次。體驗、感受，然後向自己描述憤怒是如何移動的。呼一口氣，感受憤怒有多麼想一股作氣地往外推送或投射。用你的手，將憤怒往左邊掃出你的身體。呼氣一次，接著體驗及感受，然後向自己描述愛是如何移動的。再次呼氣，感覺愛是如何充滿及包覆你的整個存在，並從你的身體向四面八方放射出去。與愛的感覺同在，看到自己是一顆閃閃發光的星星，正在向所有方向放射愛的光芒。

正如第二章所說的，情緒是一種往外的移動，是回應外界觸發誘因所產生的電力火星；而感覺則是一種**存在狀態**。就像找到容器（例如燈泡）的電，會充滿整個燈泡並讓燈泡亮起來，感覺也會從我們身上發散出光芒。這就是為什麼戀愛中的人，看起來總是容光煥發、光彩照人。

搞清楚感覺與情緒的區別後，你現在是否能理解情緒並非壞事，當然也不是需要被壓抑或為之感到內疚的東西？相反的，情緒是不可或缺的，它們可以被用來激發、啟動我們。**我們需要情緒的火焰，來點燃感覺之火**。

但請記住，如果我們沒有立即注意到情緒火焰，也沒有意識到要如何使用它（點燃感覺之火），情緒可能會釀成一場大火。例如，未經控制的情緒點燃了以色列人的恐慌，在如此的恐懼下，他們所能想到的就是逃跑，從而導致兵敗如山倒。

但大衛這個孩子、夢行者與愛人者，利用恐懼的情緒來推動自己走向更偉大的事。當我們能把情緒轉化為感覺，學會如何把老暴君轉變為心甘情願的僕人後，我們就像大衛一樣，也會被加冕為情緒的國王。當我們遠離恐懼的夢——那些忙碌、反覆出現並誤導我們成為低微僕人的噩夢——**我們如何將自己的靈魂錨定在這個加冕為王的偉大夢境中？**

辨認出你最常體驗到的情緒

有朋友曾對我說：「只要是本能地做出**反應**（react），男人與女人都是動物。只有當他們學會如何**回應**（respond）時，他們才是人類。」

回應，意味著將情緒轉化為感覺。那麼，我們如何學會**回應**？

練習。辨認出你最常體驗到的情緒

第一步是，覺察到自己的反應。記住，當你對外在刺激做出反應時，某個情緒就會被激發出來。如果你確實地完成了第二章的練習，可以看看你當初寫的那本筆記本，裡面記錄著你一整個禮拜的所有情緒。查看你的清單，你很快就會辨認出自己最頻繁出現的情緒。

假設最頻繁出現的情緒是憤怒，憤怒就是你這個月要特別關注的情緒。一次只處理一種情緒，不要試圖同時解決多種情緒，因為每種情緒要做的功課都不一樣。一旦你開始關注某種情緒，它就會像一頭被逼到牆角的動物，因為受到威脅而被激怒。接下來，你會看到它開始行動了，就像歌利亞那樣，從藏身的非利士軍隊後面走了出來，開始對以色列人挑釁與怒吼。

當你開始處理你的憤怒時，這種情緒會變本加厲，變得更暴烈、更不可預測、更不穩定。我這不是嚇唬你，而是為了讓你知道可能會發生什麼情形。有了心理準備，你就不會感到不安或措手不及。當怒火暴衝時，你會說：「不用擔心！這在預料之內！」

為了讓這個練習切實有效，你用來處理每種情緒的時間長度都有限制，這會讓你更加聚精會神，傾注全力以達成目標。一旦選定你要處理的情緒後，要如何讓自己變成像大衛王那樣的人呢？

情緒一升起，就要抓住它

情緒不是念頭，情緒是體驗。當你生氣時，整個身體都會參與進來：你的心跳加快、臉色脹紅、雙腳發抖。不過，每個人生氣的表現多少會有些不一樣。

你知道憤怒會如何從你身上表現出來？如果沒有事先辨認出憤怒表現在身體上的跡象，你可能無法在情緒生起的第一時間就抓住它。這聽起來不是很奇怪嗎？憤怒是像鞭炮一樣的情緒，很多人都以為自己能夠馬上就認出來。但，情況並非總是如此。比方說，你在派對上玩得很開心，但就在你要離開時，卻感覺到一股蠢蠢欲動的怒氣。你早已意識到，在當晚的派對上，你的怒氣其實一直在醞釀、升溫，但你不以為意。而且，你也不知道自己為何生氣。

為了找出惹你不快的確切原因，你回溯整個過程，想起了朋友在派對上說過難聽的話。由於你當時沒有馬上辨識出來，憤怒的情緒現在已經像波浪一樣沖過來，席捲、淹沒了你。事已至此，你別無選擇，只能耐心等待情緒消退。但願這浪頭不大，不至於把你捲進水裡淹沒、與你糾纏不休，也不會花太多時間消化掉這股情緒。

如果能在憤怒冒出可怕面貌的第一時間就抓住它，不是更好嗎？那時也許你能做點什麼。我們似乎都很「擅長」拖延時間，而不是簡單的活在當下。

察覺到某種情緒在你身上的明確表現與發展，有助於你在情緒一升起時就能很快地辨識出來。以下的練習可以幫你做到這一點。

練習。當下立即辨識出情緒

呼氣一次。想像你正怒火中燒，升起一股強烈的憤怒。如果需要重新回到過去一個發火的時刻，就這麼去做。向自己描述你的憤怒在身體上有哪些表現，身體的哪個部位有感受到情緒？它是什麼顏色？有什麼感覺——壓力、緊縮、崩潰、變弱或糾結？找出貼切的字眼來形容你的感覺。一旦你能準確描述這些感覺時，就將它們往左邊掃出身體之外。呼一口氣，睜開眼睛。

讓轉換發生

在事情發生的同時，能敏銳地察覺到自己身上正發生著什麼，這究竟有什麼用處？想像一下，在人生這座飛駛而過的列車上，你不再是乘客，而是在中央機房負責控制台的轉轍員。如果你還記得，就會知道這是一種夢行演練。當你在列車上加速時，你也在以轉轍員的身分去「考量」火車行駛的方向。

就像轉轍員一樣，你也對控制台非常熟悉。如果你留心觀察，會發現你的列車正行駛在標著「憤怒」的軌道上。由於你的列車已經習慣在這條軌道上行駛，你還沒有意識到自己可以切換軌道，讓你的列車往另一個方向加速行進。你只要按一下開關就行了。

然而，你可以撥動開關的時間點只有一個：列車進入視野，馬上就要抵達轉轍器的那個時刻。但是，如果你不知道要將列車轉向何處，你又怎能在一時之間做出決定呢？換句話說，你必須像那個轉轍員一樣做好準備，早早選定新的目的地。

想像一下，你要將列車送往一個名為「愛」的目的地。唯有帶著強烈的意圖，即在慣常事物之外「看見」其他新東西的夢行能力，你方能及時的進行轉換。記住，如果你不這樣做，列車就只會沿著習慣的軌道前進，而你將不得不等下一班列車到來。

就像任何功能正常的控制台，開關（你情緒的「新目的地」）必須標示清楚。以我自己為例，我所標示的是「愛」。但這不應該隨便決定，最理想的狀況是選擇一個最適合你個人需求的目的地。因此，要為新目的地貼上標籤之前，你必須先徵詢你的夢行身體來幫你。

練習。標出轉換開關

呼氣三次。你剛剛經歷了憤怒，現在想像一個與憤怒完全相反的感覺。這個感覺在你身體的哪個地方？是什麼顏色？感覺起來像什麼？擴展、膨脹、刺痛、輕盈或其他？給這份感覺取個名字，只要你覺得貼切就行，例如愛、平和、和諧、平衡、安寧。你的夢將會告訴你。呼一口氣，睜開眼睛。

記住，只有用其他更好的事物做為替代，我們才能擺脫某種情緒。這就像我們無法甩掉某個壞習慣，除非用另一個更好的習慣來取代一樣。這也是為什麼許多想要戒菸、停止暴飲暴食或不想動不動發脾氣的人，最後都徒勞無功。

在面對一個空無一物的空間時，你必須夢出更好的東西來填滿，否則這個空間會再次被舊的夢占據，於是很遺憾的，你又被打回了原形。在這個過程中，不存在模糊的灰色地帶。正如歌利亞在向以色列軍隊宣戰時說的，你要麼像個勇士般地去戰鬥，主宰你的情緒，不然就等著被情緒打倒，成為情緒的奴隸。

只有當你辨識並標示出那個能夠吸納憤怒的感覺後，你才能開始鋪設軌道，將你的能量引導到新的目的地。

全新的目的地

根據《創世記》有關約瑟的後續記載，掌管法老宮廷的內臣波提乏（Potiphar）在買下約瑟後，不得不意識到這個新奴隸是一個不得了的人物。不幸的是，波提乏的妻子（一個賣弄性感、果斷又無情的女人），卻用她自己的方式來回應約瑟的良好品德。這個女人就跟壞習慣一樣，日復一日地出現在她丈夫的新管家面前並懇求他：「你與我同寢吧！」（《創世記》39:12）

你能想像約瑟當時的感受嗎？他一定充滿了各種矛盾的情緒：恐懼、憤怒、怨恨。如果我們相信《塔木德》聖哲的話，約瑟的種種情緒還包括欲望。彷彿是為了挑釁命運，反正事情就這樣發生了——有一天，約瑟進入主人波提乏的家中工作，那天除了女主人外，沒有其他人在家。

果然，她拉住約瑟的衣服說：「你與我同寢吧！」但是，正如《塔木德》聖哲告訴我們的，就在約瑟對女主人感受到最強烈的親密感時，他從窗戶「看見」自己父親的臉（《塔木德・索塔書》〔*Sotah*〕36b）。這足以觸動約瑟去切換開關：「約瑟把衣裳丟在婦人手裡，跑到外邊去了。」（《創世記》39:12）

我們知道約瑟與父親雅各之間感情深厚，當約瑟受到巨大誘惑之際，當他的欲望似乎要取代更好的自我時，雅各（代表他的心靈、他更高的夢想，以及他整個童年的目標）出現了，在關鍵時刻聲明了自己的主張。父親的面龐在約瑟內心重新點燃了那個「更好」的自我，於是欲望的能量從波提乏妻子身上，「轉移」到了這個更好的目的地。

不過，那是約瑟啊！如果在你的生命中，並沒有像雅各這樣有強大引力的人，怎麼辦？在必要性到來的時刻，你要去哪裡找到轉換開關的力量呢？

超越人類本性

如果以為我們能夠隨興地創造一個新目的地，那未免過於樂觀了，雖然我並不是說完全沒有這個可能。畢竟人們在深陷絕境時，總是能重新創造自己。然而，這些突如其來的重大轉變，會對我們的心理造成很大的傷害，我們不能指望它們。所以，最好是事先打好基礎，這也是良好的教育能為我們做的。

就像我們的身體會受到自然引力的影響，我們的心理也會被更自然的衝動（欲望與反應）所吸引。不過，就算我們總是屈服於容易委靡不振的身體與容易滿足的欲望，每個人的內在都有一個「聲音」，敦促著我們採取另一種更好的方式。

就像歌利亞在弗大憫（Ephesdammim）戰場上所指出的，沒有所謂中立的位置：我們總是被拉到相反的方向。我們被賦予了自由意志，有能力選擇是屈服於人類本性的拉力，還是向上提升去超越本性，就像法國人所說的「超本性」（Surnature）。

假設我們已經決定不再彎腰駝背，而是挺起腰桿子。這對我們肯定是好事，但本性另有打算，因此我們必須努力來讓「超本性」出現。每一天，我們都要訓練身體來對抗地心引力：雙腳與肩膀下沉，好加強大腿內側的肌肉、拉伸我們的脊椎。下次當我們在人群中被推擠時，伸長脊椎的習慣會對我們很有幫助。「超本性」已經占了上風，我們很容易就能恢復身體的平衡。

再舉約瑟為例。當他被哥哥們賣到異地為奴之後，一種強烈的失落感被轉嫁到他對父親的感情、責任與習慣的既存重量上，於是父親雅各的臉會更深地烙印在約瑟的內心及腦海。當他受到誘惑而向欲望屈服時，返回「好」目的地的習慣開始發揮作用，這就是約瑟的好運氣。但是，如果我們沒有這樣的教育與經驗，要如何把新的目的地刻畫在心裡及頭腦中呢？

建立意圖

感覺這個領域，有著範圍非常寬廣的作用點。既然感覺是由回應所觸發的，自然是發自於內心世界。愛、和諧、平和、寧靜、開放、慈悲、喜悅、同情、良善、恩典、希望、快樂、勇氣、剛毅、堅忍、毅力及理解等，顯然是來自於心的。清晰、準確、評判、義憤、公正、客觀、自由也是屬於心的，但更帶有幾分嚴厲（例如，現在有許多人認為管教孩子是無情的，但從長遠來看，這當然是愛護孩子的一個必要部分）。

那麼，大衛對神的偉大所表現出來的忠誠呢？這也是發自內心的回應，就像你夢中看到自己學習有好成績、贏得網球賽冠軍、畫出一幅傑作，或在事業上功成名就，這些也都是心的回應。轉換到一個創造性的新目標，會讓你超越日復一日近乎本能的行為與反應，進入到一種存在狀態。

在卡巴拉傳說中，「目的地」（目標）被簡單地稱為「那地方」（ha-Makom）。

如果你的心跑走了，請回到那地方，因為這正是「這活物往來奔走」之由來（《以西結書》1:14），在這件事上，一個聖約就此訂立。

——《創造之書》1:8

《創造之書》（*Sefer Yetzira*）是卡巴拉最古老也最深奧難懂的文本之一，上面這段話背後隱藏的祕密，是指最終要回歸的那地方是神。我們之所以知道，是因為神的其中一個名字便是ha-Makom。中世紀的盲眼修士拉比．以撒把這個至高無上的意圖稱為devekut，意思就是與神親近或與神交流。

如果「與神相交」是你的願望，你必須從簡單的事情做起。你已經學會去問自己的夢行身體該如何選擇「更好」的目的地（或目標），但是，你還是需要用你的物質身體去銘刻新的目的地。透過習慣與規律的養成，我們的物質身體很容易被「設定程式」。在這裡，不像第六章學到的那樣，靠欺騙自己來超越本能和習慣，而是要利用身體養成習慣的特性來建構「超本性」。

對女性而言，這不是難事。女人的生理週期是一種自然又明顯的計時器，我們可以用兩個生理期（通常相隔二十一天）之間的天數來設定程式，到了月經來潮那幾天（一般是七天）就暫停。為何要暫停呢？

想像一下毫無停頓的音樂，那會變成吵雜的噪音。身體也是如此：如果你不停進食，你的身體將無法判斷你什麼時候真的餓了。我們的身體只能用暫停來定義及理解規律性。為了教身體接受一種新習慣，在身體的記憶中烙印一個「更高的本能」，我們需要遵循這個簡單的物理定律。你可以灌輸或教導身體任何新事物，只要你把握住「節拍、暫停」的自然節奏（七和七的倍數是自然節奏），用這種規律性的間隔來教導你的身體。

那男人呢？他們有什麼生理時鐘可用？他們不像女人天生有內建的明顯生理週期，因此他們必須建構一個外部節奏。猶太男人從小就被教導要跟隨月亮的週期，每個月的月初，他們會走到外面，用歌聲與祈禱來迎接新月。如果你是男性，要遵循月亮週期並不難，可能對你會有用。

可以準備一本有月亮週期的日曆，或者直接觀察夜空。但是，如果你覺得太複雜，只要以二十一天為一個週期來設定程式（從一個月的任何一天開始都可以）也行。採用這個方法，男人的身體也會變得跟女人一樣有規律的週期性，因此也會變得容易訓練。

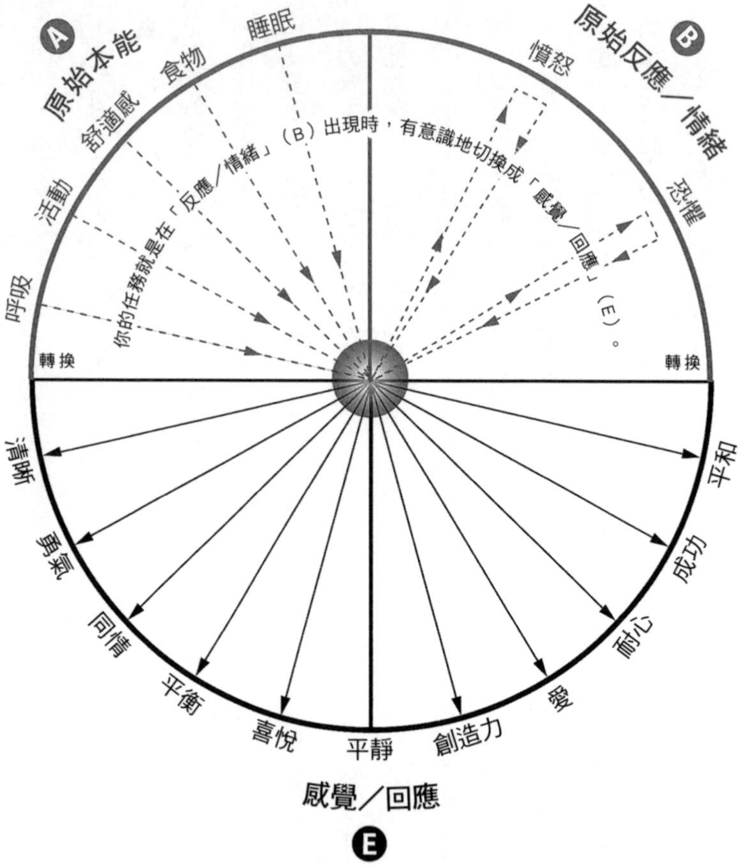

圖 6：感覺／回應。要讓自己擺脫「本能與反應」之間的慣性拉鋸，可以學著在觀察到「反應／情緒」開始出現徵兆的那一刻，觀想你的感覺目標，將它們切換成「感覺／回應」。

使用聲音來建立新目標

當你為自己的能量建立新目標時，有很多自我設定的方法。聲音，是其中一個強大有效的途徑，主要原因是喉嚨周邊的肌肉比身體其他部位都更集中。透過發出聲音，我們可以啟動所有這些肌肉。聲音會在我們體內振動，並根據聲音的不同特質，而產生不同的「動覺效應」（kinesthetic effects）。

當身體被強力啟動後，感官之間的協同作用會隨之發生，並將特定的模式銘刻在想像的場域。你會發現，我接下來要描述的唱誦方式，將喚醒你所有的感官——聽覺、觸覺、動覺、視覺、嗅覺、味蕾（強度會依此順序遞減）。

如果你以一種精確的方式定期啟動你的物質身體，很快就會發現，你的身體開始在準確的時間週期內，對已經習慣的刺激產生渴望。也就是說，你的身體在習慣了某種特定模式後，就再也離不開它了。

偉大的宗教完全理解這一點，於是制定出正式禱告是每天三次，或是像穆斯林一天祈禱五次，並在祈禱中加入唱誦及有強大效應的跪拜禮。宗教儀式的作用，類似於我們回歸一個「目標」（對他們來說是神），每天三次或五次。

食物，是另一個好例子。你一天進食三次或五次，由於你如此頻繁進食，所以想想看，你一天當中有多少次會浮現與食物相關的念頭。如果你已經習慣每天禱告三次或五次，你想起神的頻率肯定比那些沒有每天禱告的人還要高。卡巴拉學者把這個過程稱為 devehkut，經由這樣的修練，卡巴拉教徒學會了如何親近上帝。

我將接下來的功課稱為「大師遊戲」，目標是緊緊跟隨被稱為「感覺」的這個想像的場域，而這裡也是一個以心回應的領域。當我們發展出以心回應的能力時，會自然而然地被引向思索更高的境界（超本性）或是神（如果那是我們的歸向）。

用唱誦來轉化負面情緒

當你唱誦時，最好使用某種神聖的語言。相較於現代語言，神聖語言與我們想要傳達的身體經驗，關係更為緊密。例如，試著唱誦「啊（Aaa）——」這個音看看。

練習。以唱誦錨定你的「感覺目標」

閉上眼睛，唱誦「啊——」。慢慢來。感受聲音如何啟動你的身體，並向自己描述它帶來的所有身體效應，然後停下來觀察。如果要你用貼切的字眼來形容你的感覺，那會是什麼？

你是否感覺到「啊」聲如何擴展你的胸腔、打開你的心？希伯來人知道這個現象，這就是為什麼他們的「愛」讀作 AHAVA。請注意這個字有三個 A 的發音。現在，閉上眼睛，試著唱誦「love（愛）——」你的胸腔有什麼變化？

如果你觀察過，我相信你已經發現，當你唱誦 love 這個字時，胸腔是收縮的（而非擴大），於是你會明白為什麼使用希伯來語或梵語等神聖語言來唱誦是明智的。我會在書末的「附錄 2」，提供一份適合唱誦的希伯來詞彙清單。

如果這些語言都不適合你，那就使用中文或英語單字，因為最後更重要的，是你在過程中是否感覺到舒適自在。發生效用的不是聲音，而是你的意圖。

在我們的傳統中，我們會用三個音符 Mi Do Re 來唱誦。掌握這三個音符的節奏非常重要，因為「三」是很容易辨認的內在模式。例如，我們很輕鬆就能記住三步舞，而且我們也傾向以三個步驟思考：正、反、合的邏輯推演模式。

如果有鋼琴的話，可以試著在鍵盤上彈奏 Mi Do Re 這三個音符。如果你不是音樂家，那就簡單地按音階唱出 Do Re Mi Fa So La Si Do，然後再辨認出 Mi Do Re 的音調。這三個音符組成的音調，有個特色是它並不是簡單地往上或往下走，而是按高音→低音→次高音的模式，這個模式因為不是規律的，所以能夠啟動你的身體。再次重申，我們還保持在先前尋找新目標時所定義的參數範圍之內：節奏與啟動。

練習。唱誦 Mi Do Re

呼氣一次。以 Mi Do Re 這三個音符來唱誦希伯來文的 AHAVA（愛）：Mi（A）～Do（HA）～Re（VA）。在每個音節上多花點時間，慢慢唱誦，唱誦三次。然後，繼續閉著眼睛，看看會發生什麼。你可能會感覺到一種動覺移動，可能聞到某種氣味或味道，也可能看到某個畫面。這就是你的「新目的地或新目標」的顯化。當你覺得移動或感覺已經結束了，緩緩呼氣後睜開眼睛。

準備一本筆記本來記錄這些練習，並在封面寫上標題「字彙」。將所有體驗寫下來，你會發現這樣做很有幫助。當你將自己的體驗「具體化」後，它們會在現實世界裡獲取物質，成為自己的實相（若有出現任何視覺心像，也要描述出來，甚至可以畫出來）。

無論你在這個練習中經歷了什麼，都非常重要。因為這些體驗，是你新目標的顯化，就像父親雅各的臉是約瑟新目標的顯化一樣。

為了將新目標深深烙印在你的生命之內，你可以早晚各唱誦 AHAVA（或你所選擇的詞彙）三遍，可能的話，選定每天的同一時間進行。當你唱誦時，要專注在你的新目標上。持續唱誦二十一天，然後暫停七天，保持這個週期模式。如果你是女性，請在生理期結束後開始練習，直到下一次生理期來潮前停下來。生理期（七天）完全停止練習，七天後再換另一個新詞彙來轉化新情緒（恐懼、嫉妒或貪婪等），重新開始另一個新的唱誦週期。

這個練習模式至少要持續一年，才能有好效果。這段時間，足夠讓你從容地把第二章你寫在筆記本裡的情緒清單都走過一遍。把這個練習當成你的例行事務來做，這是「大師遊戲」的第一步；第二步就是在生活日常中，一旦有負面情緒生起時，就要立即轉化。

大師遊戲

假設你現在選擇要處理的情緒是憤怒，當你晚上進行逆轉回溯練習時，要特別注意你這一天是如何表現憤怒的。在白天時，則要特別留意當自己即將發怒時，你所知的第一個徵兆是什麼。

一旦你覺察到了，不要把注意力放在它身上，而是把注意力轉移到你的新目標。要做到這一點，只要記住你選擇唱誦的詞彙、特定的心像、氣味、味覺或動覺移動等任一個用來定義你新目標的方式，然後緊隨不放，感受它所喚起的感覺。

換句話說，就是把你凝視的目光從憤怒轉移到愛。這就像把一張憤怒的圖片翻過來，凝視充滿愛的另一面。這應該是一瞬間就能做到的事。

一旦你做到了，要繼續緊抓住這「好」的一面，你會感覺到身體裡有一種不尋常的移動。這種感受非常微妙，因為那比較像是在你的「夢行身體」裡移動，而不是在你現實中的物質身體裡移動。你可能感覺到手刺刺麻麻的、腳趾拉長或脖子伸長等，每個人所呈現出來的「徵兆」都不一樣。

一旦察覺到自己的徵兆，你會發現它每次出現都是一樣的。對你而言，能夠把它辨識出來非常重要，因為這意味著轉化已經發生了。一旦出現這些徵兆，你就可以放輕鬆了，因為這代表你沒有什麼需要做了。憤怒已經消失，取而代之的是愛。

這種存在狀態，讓你可以適當地回應觸發你生氣的情境，就像大衛一樣，當他從恐懼轉移至他對神的愛時，就開始能夠以從容或甚至帶著幾分玩笑的方式，來回應歌利亞的威脅。這個「新的夢」，可以毫不費力地引導我們的回應。

唱誦已經把你帶進了內心世界。如果你再次失去它，或再次屈服於衝動而做出反應，都不要因此心灰意冷。不要浪費時間自責，趕緊抓住下一個機會從本性轉換到超本性，讓你的「人生規畫」日益完善。

當干擾無法再擾亂你，而是變成可被開採、切割的璀璨寶石時，當你感覺自己已經能夠駕馭錯綜複雜的轉化，並能找到自己的「徵兆」時，就請繼續完成第十二章的任務，那也是最後一個任務。

在最後一章，你要學習做最後的潤色工作，也就是讓自己能夠在夢境與意識這兩個世界之間自由進出。完成最後一個任務後，你將有能力把這兩個世界合而為一，讓夢行者的修練變得完整。

第11章練習快速參考指南

分辨情緒與感覺（p.260）

呼氣三次。讓自己感受某種情緒，例如憤怒的移動。向自己描述憤怒是如何移動的，接著用你的手，將憤怒往左邊掃出你的身體。呼氣一次，接著體驗另一種情緒，例如愛的移動。再次呼氣，去感受並對自己描述情緒與感覺會帶給身體哪些不同的體驗。

辨認出你最常體驗到的情緒：選擇一種情緒來練習（p.262）

瀏覽一遍你在第二章辨識出來的情緒清單，從中找出最頻繁出現的情緒。這是你下個月（女性是兩次生理期之間的那段時間）要處理的情緒。

當下立即辨識出情緒：你必須學會提早辨識（p.264）

呼氣一次。想像你正怒火中燒，生起一股強烈的憤怒（或者任何一種你選擇的情緒）。向自己描述憤怒在你身體上有哪些表現，身體的哪個部位有感受到？它是什麼顏色？有什麼感覺——壓力、緊縮、崩潰、變弱或糾結？呼氣一次。將憤怒的所有感覺往左邊掃出身體之外。呼一口氣，睜開眼睛。

標出轉換開關：從情緒轉換到感覺（p.266）

呼氣三次。你剛剛經歷了憤怒，現在想像一個與憤怒完全相反的感覺。這個感覺在你身體上的哪個地方？是什麼顏色？感覺起來像什麼？擴展、膨脹、刺痛、輕盈或其他？給這份感覺取個名字，只要你覺得貼切就行，這是你的「開關」或「感覺目標」。你的夢將會告訴你要取什麼名稱，例如愛、平和、和諧、平衡、安寧。呼一口氣，睜開眼睛。

以唱誦錨定你的「感覺目標」（p.274）

一旦選好你的感覺目標並加以命名後，就可以練習唱誦來錨定這個新的感覺目標。閉上眼睛，唱誦「啊（Aaa）——」或其他你選擇的詞彙。

唱誦 Mi Do Re（p.276）

呼氣一次。以 Mi Do Re 這三個音符來唱誦希伯來文的 AHAVA（愛）：Mi（A）～Do（HA）～Re（VA），或其他你選擇的詞彙（見附錄2）。每個音節都要慢慢唱誦，唱誦三次。繼續閉著眼睛，觀察發生了什麼事。你可能會感覺到一種動覺移動，可能聞到某種氣味或味道，也可能看到某個畫面。就只是去關注它。當你覺得移動或感覺已經結束了，緩緩呼氣後睜開眼睛。唱誦每天兩次（早晚各一次），持續練習二十一天，接著暫停七天。然後再選一個新詞彙來轉化另一種情緒，重新開始另一個練習週期。

第12章

回歸合一

生命的奧祕，是湧泉！

雅各被帶到約瑟內在安住，太陽也與月亮結合，爾後生下了後代，以約瑟為祖先。正是這條源遠流長的大河，使大地結出果實，世世代代在世界各地繁衍。如果沒有名之為正義這一等級的幫助，即便太陽靠近月亮，仍未能生成如茵碧草。

——《光輝之書》II 180A

在心靈之地錨定後，我們能一直停泊在那裡嗎？就像停靠在碼頭的船，我們可能會在此停留一段時間，但最終仍得起錨前航。這就是船的本質，也是它被建造出來的原因。我們生而為人，同樣必須不斷去經歷人生之路，不可能一直停留在某處，因為生命不允許如此。此外，人生路就像一個障礙賽的場地，布滿了物質實相的跨欄。

從一開始，我們就得面對自己的局限，以及由此衍生出來的所有不確定性與渴望，而它們也會蒙蔽我們，使我們看不見自己與生俱來的內在豐盛。當我們遭遇到阻礙時，要不選擇倒下崩潰，要不迎難而上，在風暴中心尋找晴空的藍色眼睛。

但是在發現它之後，我們不能滿足於現狀而不求進步。錨定在一處停滯不前，最終會導致被動、削弱，甚至使得我們的心靈之地變成了口中的灰塵。

我們的生命之舟，是為了要在開闊的大海上航行。它的停泊，就像臍帶一樣，只是暫時性的。確實，知道我們已經成功找到內在的核心，這將提醒我們勿忘目標，同時也指引著我們回到正軌。回到這個記憶會給我們帶來希望，也能在每一次嘗試時，都能更快更輕鬆地回到港口。

但總存在著一種抗衡力道：當我們一次次地透過我們的夢回到內在的核心時，物質世界也在努力地讓我們怯懦及失衡，一次次地切斷我們與真實感覺的聯繫。這是物質世界的本性，就如同蠍子的天性讓牠忍不住會去螫好心帶牠過河的烏龜一樣。

如果我們不以做夢的方式或採取行動去擺脫「天性」為我們設計的「考驗」，烏龜（夢）與蠍子（意識）就會雙雙溺死。如果我們把生命視為一個訓練場，用來發展我們的「更高本能」——我們自有品牌的「超天性」，就不會對命運感到憤怒。相反的，我們會利用每一個機會來共同創造更好的人生，把夢與意識結合在一起。

如果物質世界有對我們的教導，內在世界也一樣。物質世界說「一切都會改變……」，而內在世界則說「……唯有改變不變」。讓我們歸屬於這樣一個事實：變化的模式（而不是變化的莫測）正是我們夢行的方式，我們學習與這樣的動態合一，並讓自己在流動的節奏中休養生息。

夢行及其流動性，教會我們毫不費力嬉戲般地穿越發生的一切。移動不再是來自外面的東西，而變成我們存在本質的一個活生生的部分。不過，物質世界會再度介入，在我們的道路上設置新的障礙和限制，提醒我們「改變」可能招致嚴重的後果，需要我們保持冷靜與清醒。那麼，**我們要如**

何既擁有遊戲的心態，又同時保持清醒呢？

弔詭的是，我們必須同時生活在這兩個世界中，才能完成這個偉大的工作。然而，在各個方面天差地遠的兩個世界，要如何相互支援及供養彼此呢？有一個古老的悖論：我們如何讓百萬個天使站在一個針尖上？

在這本書中，你的任務是漸進式地朝著終極目標前進——啟動與平衡這兩個迥然不同的世界，以避免任何一個世界過度膨脹。現在意識經由「逆轉回溯」，對夜晚的夢境、我們的本能特質以及我們的過去越來越具有穿透力，而夢也開始透過引導式練習與清醒夢境，在白天、在實驗性及受控的環境中綻放。男性主導的意識與女性直覺的夢境，是否能從彼此的差異中獲得樂趣，並從彼此的力量中獲得成長？它們能否在完美的合作婚姻中交融、分開，又再度融合？需要什麼，才能完成這個工作？

把逆轉當成一種心境

來到最後一章的終點，我們不再談論練習，而是要真正去做了。你已受過訓練，現在必須進入戰鬥狀態來證明自己。雖然在這一章中，你仍有新的功課要完成，但這個任務正是要幫助你從培訓班結業，進階到大師等級。這是你的啟蒙儀式。

在清醒的同時保持著遊戲的心態，在充滿想像力的同時負起責任（英文 respond〔回應〕與 responsibility〔責任〕字形相似，已經知道怎麼「回應」的你，現在踏上了真正的「負責」之路），這是如何運作的？你已經品嘗過這種矛盾的滋味：兩個世界在各自保持著自己屬性的同時，變換到對方的位置上，在意識世界裡做夢，而在夢境世界裡保有意識。

這種交錯的逆轉，不再是練習，而是一種雙人舞——一種親密的存在方式，是體現這種矛盾的第一步。在此一時刻，雖然練習已非必要，但我還是會給你一些功課。

你必須教自己如何「本能」且持續不斷的在兩種思考模式之間逆轉。這會帶來革命性的結果。當乞丐當起了一日國王，而真正的國王放棄王位、脫下王袍，被丟到街頭自生自滅時，他們彼此在這天學到的東西，比起各自毫無變化的一生所能學到的還要多。此後，所有一切都變得不一樣了。國王在這個經歷中受到磨練、獲得智慧，他親自體驗過貧窮的苦難與殘酷，以及自由與仁慈帶來的喜悅。乞丐則學習到「責任」的重量、權力帶來的強烈快感，以及無法確認自己本人是否被愛的不確定感。

走一回這麼不尋常的「身分交錯」戲碼之後，這兩人都回到了原本的生活裡（乞丐回到貧民窟，國王坐回王位），但各自又增加了一些東西，那是被經驗之網快速捕獲的對方特質的殘留。這個練習同時鼓舞並振奮了乞丐與國王，當他們目光相遇時，我能想像雙方有一段創造性的對話。從此以後，他們將永遠保留某些被對方的現實處境所觸動的領悟與感受。

從衝突到矛盾

對這個物質世界的二元性，我們應該都已經很清楚了，而且也早就融入其中。沒有子民，就沒有國王；沒有黑暗的幫助，我們就無法辨識出光亮。除非我們知道自己與他人是分離的，否則我們無從認識自己；除非我們把自己推離地面，否則無法前進。我們的生活在對立的兩個傾向之間不斷拉鋸：其中一方總是處心積慮想要壓倒另一方。這就是我們所在的這個世界的本質。

然而，在我們之內還有另一個世界，其法則與外面的世界完全相反。在這個內在世界，不存在對立，因為這裡沒有實際的界線。各種形相彼此流動、融合、借用、轉化及消融，所有一切都處在嬉戲放縱的狀態下。

對大多數人而言，這兩個世界一向無法快樂並存。自古以來，這兩個世界便存在著一種權力之爭，完全是透過對立的立場來認識彼此。

但對於已經完成第五章逆轉回溯練習的你們來說，這兩個世界的和解已經發生了，就像國王與乞丐之間所發生的事一樣。當然，除非他們的經驗只是滋生了嫌惡與更多的對立，這是有可能的，而且是每一次逆轉練習都要承擔的風險。但我們必須冒這個險，否則我們最終將會過著一種粗鄙世俗的生活、一種因為衝突而扭曲變形的生活、一種和平與和諧永遠無法勝出的生活。

把夢境與意識完全隔開，只會造成更多的對立，這難道還不明顯嗎？而且，如果這兩個世界無法相互包容，最終難道不會引發一場全面的戰爭，把其中一個世界徹底毀掉？想像一下，如果國王無視窮人的困境，那麼這個王國將會面臨怎樣的苦難？

因此，要真正挑戰你的意識，必須採取不尋常的步驟：讓意識直接面對它自己習慣上討厭的東西，那些無因果關係的、非理性的夢境。而要真正教育與挑戰你的夢，則要讓它去正視它向來所迴避的，也就是物質世界的嚴苛現實。

一個能夠培養清醒（耐心、專注）的意識心智，將會獲得獎賞，得以洞察並掌控「非理性」層面的「法則」。在培養玩樂心態（把焦點放在遊戲的心情與意願）的過程中，夢行者將會看見夢境在現實世界顯化。評論家會讚美跨界成功的理性主義者為偉大的「夢想家」，而那些使夢成真的夢行者則被稱許為「現實主義者」。

通常我們還是二選一，要麼是夢想家，要麼是現實主義者。我們能否換個想法，同時擁抱這兩個世界、容納這兩個世界的所有挑戰？**我們能忍受矛盾嗎**？

英文 paradox（矛盾）的意思是 para（超越）＋ dox（意見），源自希臘文 dokein，原意是「思考」。就像我們擁抱我們的孩子，接受他們身上的優點和缺點，以「超越意見」的心態去愛他們一樣，我們能否也以「超越意見」的心態來擁抱我們的兩個世界，公平地支持它們的差異、矛盾與對立呢？要達到這個目標，需要的不僅僅是和解。除非我們的兩個心智在力量及活力上勢均力敵，否則還是做不到。

我們知道，逆轉是完善這種平衡的第一步：意識心智同意後退一步，而夢境心智同意向前一步。意識心智向夢境心智學習謙遜，而夢境心智則向意識心智學習專注。夢境心智為了更專注於轉化，放棄了混亂奔放的熱情，而意識心智雖然能分辨出差異，卻不再緊抓不放。這兩個世界即便達到平衡，狀態也不穩定。我們達到平衡，然後又失去了平衡，這是我們學習再次找到平衡的必要過程。重點不在於我們失去平衡，而是我們可以多快地重新找回平衡。因此，將維持平衡的任務（這是你在本章的任務）視為一項進行中的工作。所謂完美，只存在於當下的那個瞬間。

說到這裡，除了逆轉，我們還需要做什麼？就身體而言，要達到平衡，必須來自各個方向的均等壓力同時匯聚及發散。試著踮腳尖站立，你必須往下推壓，再向上伸展（發散），同時擠壓大腿內側肌肉和胸肌（匯聚）。要發展這兩種心智的平衡，我們需要體驗來自對立兩方同樣強大的「發散」（天與地是對立的）與「匯聚」（在心智之眼中，天與地是可以平等看待的）。

練習。身歷其境的體驗對立

呼氣三次。去看、去感覺，並親自去體驗以下各種對立：國王與乞丐；呼氣一次，天與地；呼氣一次，光明與黑暗；再呼氣一次，同時體驗生與死。或者想像兩個有強大能量的海洋（一個是紅色，一個是藍色），它們相互激盪衝擊。想像它們相遇後巨浪滔天的畫面，紫色的泡沫像一把展開的大扇子在洶湧的水面上傾瀉而下：就像是兩個銅鈸一起敲擊，喚起了一種覺醒、一個嶄新的世界。呼一口氣，睜開眼睛。

當我們敞開心扉，允許各種形式的生物、途徑與真相同時存在，例如羔羊與老虎肩並肩、乞丐與國王在一起，我們的理解、智慧與慈悲就會呈指數成長。當我們的心被觸動，心的中心點會擴展並往外放射。每當我們的兩種心智達到平衡時，心的中心就會擴大一些，就像宇宙在不斷擴大的同時也在前進，或者我們應該說是從它的起點後退？

是什麼將矛盾的二元性轉化為創造？一個意外、一種大的強度，或是一個加倍的關注？當一個男人與女人在一起，以性愛結合，可能會孕育新生命，也可能不會。但激情、專注與對的時機，是創造「奇蹟」不可或缺的主要誘因。少了意圖這種由情緒發酵所觸發的動力，創造可能不會發生。在把所有元素都聚齊後，我們唯一能做的就是「放手，交託給神」。

在子宮或心靈這個實驗蒸餾器裡，新的創造被孕育出來，結合了兩個看似不相容的部分。創造出來的孩子長得像爸爸也像媽媽，怎會這樣呢？這種混合迷惑了我們的眼，逗樂、震驚、動搖及解構了我們先入為主的觀念。我們的心為創造力的驚人自由而雀躍，這樣的自由打破了僵化的界線，混合了不相容的形式。這種轉變，是如此令人驚嘆、興奮，解放了我們「真正的想像力」。想像力已被淨化，成為純粹的愛。

愛傾瀉成海洋，與另一個包含著不穩定形式的流動海洋融合，然後生成新的孩子。這個孩子反過來擁抱無數的可能性和矛盾，尚未受到對未來的期待與欲望所束縛。愛是創造的奇蹟發生之前，兩個心智在沉思中達成完美平衡後流淌出來的甘露。

> 豺狼必與綿羊羔同居，豹子與山羊羔同臥；少壯獅子與牛犢並肥畜同群；小孩子要牽引牠們。牛必與熊同食；牛犢必與小熊同臥；獅子必吃草，與牛一樣。吃奶的孩子必玩耍在虺蛇的洞口；斷奶的嬰兒必按手在毒蛇的穴上。在我聖山的遍處，這一切都不傷人、不害物；因為認識耶和華的知識要充滿遍地，好像水充滿洋海一般。
>
> ——《以賽亞書》11:6-9

當夢與意識這兩種心智融合時，它們的孩子在不相干的元素碰撞中誕生了，可能是笑聲、詩歌、音樂，或悲劇。古希臘人稱這些「心智之子」為繆斯。凡繆斯所到之處，各種混合形式會伴隨而至：美人魚、半人馬、飛馬、獅身人面、鳳凰等。謎語、謎團、雙關語、笑話、出乎預料的並置、跳躍的圖像紛紛從豐饒角一躍而出。

超越凡俗、探掘源頭，帶來了新的事物，我們在震驚之下，跳脫出習慣的模式，進入到意想不到的狀態。因為在心智的蒸餾器中，這兩個世界的對立常常產生令人震驚、矛盾、驚喜、幽默、荒誕，或甚至是奇蹟般的效果。

與繆斯面對面，總會有令人難忘的體驗：你所知道的世界戛然而止。面對新事物的對抗與挑釁，你的注意力會被喚起。你可能想忽視或拒絕繆斯的給予，但你仍不得不處理你的反應。面對不可能、不合理或狂喜，你的身體／心智可能會悵然若失、崩潰，或經歷一種看似昏厥的狀態，但你要保持清醒！

當你踏上男與女、左腦與右腦合一的無人之境時，請好好看著你自己。你的困惑不是尋常的那種，而是共同融合（co-fusion）的結果！當你意識清醒或做夢時，可能會覺得自己墜入了一團柔軟的白光中，時間在此靜止、聲音變得模糊，只存在著親密感。或者，驚奇感席捲了你全身，就像一股白色熱流、一個令人振奮的靈光乍現。共同融合會把你從水平面沖走，遠離空間物質，朝向「當下即永恆」前進。這種經驗通常被描述為一種垂直移動：向下沉入休憩，或是在狂喜中揚升。

惡水上的大橋

你如何為共同融合做好準備？一頭扎進矛盾與可能性的發酵中時，你必須學會保持清醒。你要像神一樣的眉清目明、睜大眼睛，還必須學著在互相衝突的線索、令人氣憤的挫折、不理性的大躍進及起起伏伏中順勢而為，同時不被恐慌所淹沒。

知易行難，這是當然的。如果你是五十五歲的單身女性，被醫生宣判僅有百分之四十的康復機會，雪上加霜的是你還失業了、繳不起稅，難道你沒有恐慌的權利嗎？然而，這正是清醒派上用場之處。如果你不清醒，你將如何沉著冷靜地「看見」並遵循「夢境」所提供的線索呢？就像「神的靈運行在水面上」（《創世記》1:2），你也必須運行在空虛混沌（tohu va vohu）中。

就像在「清醒夢」中，你活躍、清醒的觀察，對於穩定形式有很大的幫助，在你的生活中也是如此。當你的大腦試圖從過多的刺激中找出線索時，不要讓自己被恐懼淹沒或因優柔寡斷而癱瘓，你要訓練自己去觀察。

這並不容易。因為危機發生的當下，你的外在世界似乎失去了它既有的穩定性，感覺就像在模仿你夢中世界那種過度的流動、延展、荒誕及奔放的狀態。但請記住：你已經學會如何回應夢的流動性。當你的現實生活出現「噩夢般」的狀態，或帶著「神奇」的色調時，就意味著你離「共同融合」不遠了。你會恐慌失措，還是保持冷靜？如果你完成了「共同融合」，你還能持守這樣的狀態嗎？很少人會因為我們的新創造或新生兒而欣喜至死，只要能夠承受「共同融合」這種混合所帶來的衝擊，我們就能夠穩住自己的回應。但是這樣一來，我們還能保有驚奇感嗎？

用一種模式來替換另一種模式，會有多容易？比方說，當新生兒的樣貌內化到我們的意識中後，我們很快就會失去對新生命的新鮮感及易變性的驚喜。或者，如果情緒上太容易受到影響，我們會在思索嬰兒靈魂的新鮮感及可塑性中失去自我，有時會忘記去回應孩子的生理需求。

但幸運的是，這兩個世界都堅持要吸引我們的注意力。就像嬰兒用哭鬧來引起我們的注意（哭聲節奏比我們的呼吸快，是一種無法忽視的刺激），繆斯也會藉由重複、堅持的呼喚與令人震驚的行為來引起我們的注意。當我們準備好接受一個新組態、一個新「實相」時，我們的心智（完全不知道自己的運行機制）會開始四處尋找並緊緊抓住各種模式、相似性、象徵性、共時性與同步性。

不過，我們在這裡要先暫停下來，清醒一下：這些同步性只是心智自己所認為的嗎？或是真的存在著同步性？外在世界是否有參與，並為我們製造了這些線索，好用來戲弄我們、嘲笑我們，就像在我們鼻子前揮動著紅旗般地揮舞著突然出現的意義群集？當我們隨著宇宙事件移動時，宇宙是否也隨著我們的故事移動？外在世界是否有一個目標在回應著我們的目標，同時也驅使我們動起來，就像空氣被低氣壓與冷鋒所推動，也被我們肺部吸納的動作所推動？這個世界是否比我們願意承認的，還更具有可塑性？

如果夢有可能成為物質實相（我們已在第八章看見過），那麼反過來看，外在的世界與實相，是否也可能是一場夢？如果是這樣，它的穩定性就沒有我們想像的那麼高。顯然的，所有一切都取決於以下的關係：我們心智的傾向，決定了我們會關注外在世界哪些性質的線索。

因此，這些看似突然的注意力彷彿就這樣恰巧地出現了。反過來，它們也會影響我們的內在狀況。我們越是積極地在兩個世界來回穿梭，就越容易共同融合，進而發現一個新的實相層次。**我們**

是否敢於想像，物質決定論或許可以透過做夢來改變？我們是否敢於抱著「信念能移山」的希望去冒險？

我們肉身的典型挑戰之一，是習慣。習慣令人疲於應對，卻又難以擺脫它們的掌控！但如果我們清醒地注意到模式和新組態，以及心智與這個世界共同呈現的跡象和線索，或許就可以擺脫我們的基本制約，像神一樣創造新事物（雖然不是無中生有）。

請留意那些線索。跟著它們走，它們會帶你穿越兩個世界之間的裂縫。轉動鎖頭裡的小小金鑰匙，推開祕密之門，從那道銀色光芒穿越而過。你已經闖入了這個世界；而這裡當然是「真正想像力」（也就是愛）取得優勢的心靈之地。

進入這種存在狀態，你可以體驗到你的夢是如何毫不費力地滑入物質實相，並帶著夢境所具有的如遊戲般的輕鬆及魔法等特質來影響這個外在世界；同時，你的意識完全不受干擾地穿越天堂般的迷霧去追逐它的目標，把穩固與具體的顯化帶入夢中世界。

不過，不要就此滿足，不要誤以為你會從此過上幸福快樂的生活！這只發生在童話故事裡。這種想法的虛榮心或其他一些干擾，將使我們脫離心靈之地，但隨後又會為我們提供一個重新征服並擴大版圖的機會。全然的開悟不屬於這個世界，因為總有造成不平衡的新因素會出現，也總有新的心靈空間等著你不斷成長。

欣然接受逆轉的暗示與提醒

犒賞一下自己：就像去年我和兒子所做的，說走就走，跳上飛機直奔英國。飛機抵達希斯洛（Heathrow）機場時，正是黎明時分，但對你來說，感覺仍然像是夜深人靜，你幾乎沒怎麼睡。租車時，你發現他們只有手排車，忽然間，你還要換成靠左邊開車，因為駕駛座在右邊，你要用左手排檔。你試圖重新適應，讓眼睛習慣往左前方看路標，往右方留意對向開來的車子。然後你會像我們一樣，在四月天風雪交加中行駛，一邊嘲笑自己笨手笨腳地試圖跟上完全相反的手動駕駛習慣及快打結的心智。但你也要隨時保持清醒，不能發生任何意外！

我希望英國的道路系統永遠都不要改變。這段旅程就像從笑聲中誕生一樣，也像夢一樣地展開了：我們碰巧遇上的，都是幽默、不尋常、如天使般的人，碰巧遇到的是最棒的餐館、最質樸的飯店、最嘆為觀止的隱藏版景點，以及如天堂般的花園。然而，我們並沒有偏離原訂的行程太遠，這使得我們在客觀的實相中能夠保持穩定扎實。

把我們的旅程想像成一條直線，而我們的夢是一條蜿蜒的曲線，一遍遍地與這條直線相交。在這趟旅行中，我們完成了所有預定要做的事情，但我們沿途對新線索與其他可能性的欣然接受，給這趟體驗增添了不少色彩與樂趣。

練習。在物質世界中逆轉

任何反其道而行的事，都可以當成這個練習來做。例如，前往一個語言不通的國家、吃一種未曾嘗過的食物、參加一項你認為會討厭的運動。去試試，因為它們都不是你通常會做的事。當然，不要為了逆轉而逆轉，因為太過刻意、勉強的過程會讓你陷入糾結。

始終與夢之流同在，遵循夢中提示的線索，以及外在世界那些不可思議的共時性、同步性及機會，它們會不斷帶給你驚喜。例如，一天之內有三個人跟你談起搭船出海旅行，你被這個巧合驚呆了。第二天，你碰到了一個多年未見的老朋友，他居然也和你聊起了航海旅行！事實上，他會出現在城裡，就是準備登上一艘駛往加勒比海的船，但因為有船員在最後一刻下船，所以出發時間被推遲了。

這是夢給你的線索，給你的機會！接下來幾週你剛好有空，還不知道要做什麼，而且航海旅行一直是你想要做的。不要刻意去尋找，但如果機會出現了，就要抓住！當暗示或提示出現時，把你的能量從猶疑不決與沒有緣由的煩躁中抽離出來，轉向成積極參與，進入夢之流中。

勇敢冒險吧！不這樣做，你可能會懊悔自己錯過了什麼。這不是勉強自己去做與喜歡相反的事，而是要抓住夢的尾巴。

與此同時，你可以把手動倒車當作練習來做。我有一棟位於森林深處的老房子，就在一條單向車道的小土路上。如果土路上出現了另一輛車子，我們之中必須有一人要倒車。在那條小土路上的經驗告訴我，大多數人都不知道怎麼做。去學習如何快速完美的倒車，要把向前或向後開車練到沒有差別才好。好好練習吧。

或者，試著使用你的左手（如果你是左撇子，就換用右手）來打網球、擊劍、打高爾夫或畫畫。我的一個詩人朋友總是在陷入瓶頸時換手寫作，因此她的詩作有一部分或甚至一整首詩都是用那隻不慣用的左手寫的。她的寫作障礙因此被擊倒了，被她右腦靈感新颳起的風吹走了（右腦掌控左手）。

當你意識到自己還有能力帶給自己驚喜，或被外在世界所驚豔到時，那真是很棒的事。

穿越夢境的黑夜，去「看見」而不破壞

還記得埃及的夜之女神努特嗎？每到黃昏，她便吞下太陽。接下來的整個晚上，太陽在她體內的巨大天弧間穿行，並在每個黎明時分在她的雙腿之間重生。如果去看古代女神的繪圖，可以看到太陽在女神漆黑的懷抱中就像在天空中一樣燦爛。然而，儘管太陽光芒四射，卻無法抹除黑暗。這是女神努特的神祕之處，也代表她擁有強大的力量：她可以在黑暗中容納光明，同時保持她自己的神性。

她本來就是豐饒黑暗的守護者，不是嗎？她提供給我們思索的矛盾是什麼？我們能否從她身上學到更多將意識帶進夢境的相關知識？意識能否穿越夢境中的黑夜，去「看見」而不破壞？意識能否在不使我們醒轉的情況下，依舊保持活躍？

到目前為止，「逆轉回溯」已經教會你如何將意識帶到接近睡眠的時刻，但又不需要讓它真正進入到睡眠中（參見第五章）。身為年輕的英雄（亦即勇敢的意識心智），你現在必須往前推進，更靠近沉睡之境那個敞開的黑洞。

練習。睡著後，保持清醒

在你快睡著時，你的意圖要保持警醒。注意你入睡的確切時刻。剛開始，你可能還來不及意識到便已墜入沉睡。如果你能堅持練習下去，會有一天晚上，你「眼睜睜看著」自己入睡，甚至還可以向自己描述在那一刻發生的身體變化。以我來說，入睡意味著我的下巴閉合，這是我的標誌；對你來說，狀況可能不一樣。就只是觀察，直到你在轉變的那一刻還保有意識。早晨醒來時，也可以試一試。前一晚先告訴自己，在睡著與醒來的過渡時刻保持意識清醒。觀察身體的跡象，但也要觀察你的思考過程是如何開始侵入你尚未展開的夢境畫面。盡可能同時兼顧，不要讓你醒來的過程淹沒、沖刷掉你的夢。

在睡著與醒過來的過渡期保有意識，是清醒的一種形式。這會為你最後的生死過渡做好準備。難道你不想在死亡過程中保持覺知、不想解開這個偉大的奧祕嗎？但先等等，我們這輩子還有很多令人興奮的事要做，比如教自己如何在夢中確實保有意識。我們能如同太陽在努特女神的身體裡巡行那樣，也在睡夢中保持覺知與清醒嗎？

練習。做夢時，保持清醒

在你開始做「逆轉回溯」練習之前，先做這個練習。躺在床上，閉上眼睛。告訴自己做夢時要意識到自己正在做夢，可以在夢中這樣提示自己：「我正在做夢。」

堅持每天晚上都這樣告訴自己，然後第二天早上醒來時再自我檢查：是的，我確實在夢中意識到「我正在做夢」。這並不難做到。當你練得駕輕就熟後，你可以讓它每天晚上都發生。你也會覺察到，你在夢中感覺非常清醒。

在這種狀態下，你可以輕鬆地進行下一個練習：學習面對必要性，並在做夢時回應夢中的挑戰，而不是像你目前所進行的那樣，要等到第二天早上才來回應。

練習。在夢中回應夢的挑戰

白天時，你已經多次練習如何回應夢的挑戰。現在，試著在做夢時，直接回應夢境要傳達的必要性。在夢中說：「這是我的夢。」你知道這些都是你的心像，而選擇怎樣去接觸它們則是你的責任。然後，以上一個練習為基礎再加以擴展，一旦夢中出現挑戰及其必要性，馬上積極並適當地予以回應。

第一次見到柯列時，我病得不輕，被團團迷霧般的夢給困住，感覺不到周遭的世界。從這個描述你就可以知道，我當時有多迷惘、不清醒！因為我失去了與外在實相的連結感，做夢的樂趣也離我遠去。事實上，我以為自己快死了。每天晚上都會做可怕的噩夢。

柯列的療法是：清理！如果內在藏污納垢，就去清理外面。打掃露台、地板，擦亮銅鍋和盤子（柯列收藏的十六世紀北非裝飾品中有很多銅鍋和盤子），還有銀器。把花園雜草拔一拔、修剪灌木、清空垃圾。我當時還足夠清醒到知道柯列不是把我當清潔工，而是在教我一些東西，而我很快就知道那是什麼了。

有天晚上，我像往常一樣做噩夢。但我並沒有在汗水和驚恐中醒來，而是清楚聽到自己說：「這是我的夢！」然後，拿起想像的水桶與刷子（我在白天已做過許多次了），把黑暗掃出我的夢！

當你能夠熟練地直接面對夢境時，就可以跟它對話，需要的技巧是類似的。

練習。與你的夢對話

在做「逆轉回溯」練習之前，躺在床上，閉上眼睛。呼氣三次，從3倒數到1。想像你拿著一枝金筆，在黑暗中畫出一個金色的圓圈。接著在圓圈內，以亮金色的字寫下你要問夢的問題。例如：「我懷孕了嗎？」如果這是你當下最迫切的問題，那麼夢肯定會給你答案。如果這不是真正最迫切的問題，你也會收到一個答案，但那是回答真正迫切的那個問題的。你無法欺騙夢的世界。請確保在第二天早上準確地記錄下夢中的每個細節。有時候，我們會有辦法操縱夢中的畫面來迎合我們的希望，尤其是沒有如實寫下來的話。

在睡眠中保持清醒，是一種獨特的感知能力。一開始，你可能覺得自己沒有睡好。但很快的，一種相反的感覺會逐漸穩定下來。你會休息得非常好，而且思緒清晰。你生活中從睡眠、清醒、再到入睡的循環，會變得越來越順暢。最後，意識會滲透進你睡眠中沒有畫面的時刻。

醒著做夢，白日夢的升級版

一開始，在清醒時做夢似乎不難。你能夠在腦海中勾勒出不同的一些世界，不管它們是記憶、白日夢或幻想，而且你還學會了觀想。所有這些發生的事都與夢有關，因為它們連結到想像力的啟動。不過，白日夢和幻想是任性的胡思亂想，不要與自發性的夢混淆。至於你已經熟練的觀想，只是用來幫助你激發出「真正想像力」的練習。現在是時候在自發性的活動中，去看到你真正的想像力了。

既然我們已經假設白天也會做夢（而且我們已經證明，可以經由練習與「清醒夢」來誘發做夢），我們是否可以在保持清醒的情況下，看到幕後運作著的自發性做夢的片段或完整序列？有時候在沉重的壓力下，想像的世界會像泡泡一樣，在我們白天的意識表面突然迸出，然後破裂。

但一般來說，一個健康的人在白天做的夢，就像月亮在陽光燦爛的天空中那樣模糊難辨。有時候，我們會瞥見一個完整的心像或被審核過的訊息，有時我們只是憑直覺感應到它們。但是，在大多數情況下，我們並沒有注意到來自夢中世界那些不明顯的饋贈。在意識凱旋而出，將一切都沐浴在光中時，我們該如何改善對白天夢境的觀照？

《光輝之書》是十三世紀最著名的卡巴拉文本，它告訴我們，當神創造太陽和月亮後，月亮看到太陽的輝煌壯麗，拿自己柔和的白光與太陽比較，頓時心生嫉妒。她向神抱怨，而神卻縮小她的尺寸、減弱她的光芒來懲罰她的壞脾氣，使她必須依賴太陽的反射光。但就像我們早被告知的，當月亮變得和太陽一樣大、一樣耀眼時，就是世界變得完美的時刻。

當然，月亮就是你的夢。夢在你的覺知中盈虧不定，有時完全不見蹤影，和月亮一模一樣。太陽則是你的意識，它強勢維護自己的特權，絕不輕易讓你的夢占據它戒備森嚴的領地。

既然和意識競爭沒有用，那為什麼不爭取它的合作呢？為什麼不用它來幫我們觀察，不僅觀察它所偏愛的外在世界，也觀察我們的內在世界呢？它的一隻眼睛向外看，另一隻眼睛向內看，或者你願意的話，也可以把你的眼睛想像成球體狀的鏡子，同時能看到內外兩個世界。

正如你所知，夢中影像撲朔迷離，難以捉摸。來自你身上的任何壓力，都會讓它們消失。就像一縷輕煙，它們形成某個形狀後又轉瞬即逝，你要非常留心觀察，才能洞悉它們！除非你像獵人一樣腳步放輕，不發出任何聲響（沒有來自頭腦的任何噪音），同時又能以無情、無聲的強度去追尋獵物。森林裡到處是獵物，你若能與樹木風景融為一體，很快就會看到害羞、隱祕的動物世界在林中活動。

練習。內外的洞察力

想像一下，你有一隻眼睛向外看，一隻眼睛向內看。或者，你也可以將你的眼睛想像成球體狀的鏡子，同時向外看與向內看。無論是哪一種方式，你都要覺知到眼睛的雙向移動。永遠都不要忽視外在世界正在發生的事（這點非常重要，因為做夢時很容易在夢中迷失自己），同時也要永遠注意內在世界發生的事。觀察出現在內在螢幕／影帶上那些自發性出現的影像及話語，不要試圖去解讀這些訊息，只單純地讓你的意識去吸收。如果你允許它們不受干擾地安住在你的腦海中，很快的，它們的意義就會朝著你而來。

能掌握這種雙向移動的人，他們會有一種特別的眼神。一旦你認出這種眼神，將永遠不會忘記：這雙眼睛既銳利又深邃，有個乾燥卻又水汪汪的核心。這是一雙聖人的眼睛，也是一雙靈視者的眼睛。何以如此？因為練習這種雙向視覺的第一個成果，就是靈視能力。是的，同樣的成果也會發生在你身上！但不要太關注或在乎你的超感官知覺（即第六感），只需要把它當成你踏上真正夢行者之路的一個進步標誌。

當你的鏡子是清晰的，哪怕只有短暫的時間（沒有要求、期望、欲望及渴望），你的想像力將會忠實地反映你從外在世界所看到的一切。就是這麼簡單。記住，「真正的想像力」有點像一個左右顛倒的鏡像，它有辦法以怪誕畫面的呈現，照亮你通常不會關注到的隱藏層面。

這是一面互動性的鏡子，其顯化成像的方式比平面鏡要複雜得多，就像哈利波特魔法世界中的畫作一樣，它會向你揮手致意！這類似你的夜間夢，經常會強調你清醒時沒有意識到要多加關注的日常生活面向。

想像一下，你站在一個球形的房間中央，四面八方都是鏡子：不論從哪一邊都無法直接反射全部的你。每一邊都必須依賴另一邊才能照出完整的影像。夢也是如此，它是你意識的孿生開關，把你意識所錯過的部分顯示出來。

從夢境世界發言

一如所有與內在世界有關的事物，在清醒時分辨識出你的夢之後，你必須把夢帶入物質世界，好讓它的影響力能夠扎根。勤勤懇懇地練習「逆轉」（在夢與意識之間反覆來回）是完成這個任務的基礎，你必須以行動或言語來表達你的洞見。

或者，如果你選擇在當下閉口不言，那也必須是一個有意識的行為，既不會抹除任何訊息，還要將它們儲存起來以備將來參考。但請記住，如果你不能勇敢地面對「亞里斯多德的蔑視」，你的夢就會淪為幻想，就像你有意識的思考如果拒絕接受夢中世界的非因果關係及奧祕，就會淪為枯燥無趣的邏輯。誠如著名科學家愛因斯坦的名言：「想像力比知識更重要。」

要把你白天的夢帶入現實世界，你必須學會大聲說出你對夢的理解與洞見。不要試圖把你的心像解讀成富有邏輯的內容，也不需要迴避不合邏輯的推論。你只要堅守你所「看見」的，用語言來描述你所「看見」的，就像描述物質世界的某個景觀一樣。請盡量貼近你的本源。

例如，假設你遇到一位美麗的女子，當你用批判性的左腦評估她時，你同時也在以視覺心像的方式「夢出」你對她的回應。假設你的視覺心像是「看見」一片罌粟花田，這意味著什麼？為什麼是罌粟花？不要讓這些邏輯問題蒙蔽你的洞察力，或讓你的洞察力變得複雜。讓視覺心像與你同在，輕撫你，告訴你。然後對這個美麗的女子說：「看到你，讓我想起一片罌粟花田。」她可能會臉紅，但她會深受感動，因為如你所知，影像的語言無聲勝有聲，也是一種傾訴情感與感覺的語言。如果對她這麼表達不合適（因為她有個醋勁十足的丈夫，可能會認為你對她別有居心），那就把這些視覺心像儲存起來以備將來參考。不要將它遺忘。從罌粟花田的畫面（神魂顛倒之美、陶醉、激情、優雅）所獲得的知識，日後可能會派上用場。

萬一你看到的畫面是負面的呢？來到這個階段的練習，你已經不再投射次級情緒了，所以你大可相信你的內在眼睛。假設你「看到」友人的身邊包裹著一層暗紅色的斑點，你只需要簡單表示：「一見到你，我就看到你周圍是一片紅色。你是不是為了什麼事生氣或心煩意亂？」

換句話說，直接看圖（視覺心像）說話，而不是讓大腦輸入半短路狀態的內容。當你學會同時使用左右腦來充實你的對話內容時，你的交流將會更加活潑生動。

練習。來自夢境世界的話語

當你與人交談時，練習使用眼睛的雙向移動——同時向內及向外看。然後練習從兩個源頭發言——左腦評判，而右腦做夢。談話時，兩邊輸入的訊息都要用上。由於欠缺的通常是夢的輸入，每當你與他人交談時，都要專注地表達你思維中屬於夢境世界的那一面。

一開始，你可能會覺得有點尷尬或不容易做到，但請堅持下去。你將看到與你對話的人變得更有精神、容光煥發，也更親切友好。內在的直覺語言在交流溝通時，可以打開人們的心扉與頭腦，就像它在你身上的作用一樣，而你的大膽與流暢的談話將會得到讚賞。

練習用你的「內在洞察力」發言，很快的，你的兩種語言就會融合。你為自己創造出一種全新的、新穎的、活潑有趣的交流方式，並將你從算計與操縱中解放出來。夢行的優雅、輕鬆和神奇，將使你所有的相遇都變得生動起來。

生命的奧祕，是湧泉

很久以前，有個人走遍了整個地球，只為尋找一個問題的答案：「生命的奧祕是什麼？」他向哲學家、數學家、天文學家、占星家、先知、聖人、大師提出這個問題，但一無所獲。他得到的答案，都無法滿足他的渴望。當他終於走到山腳下的一個小村莊時，除了身體疲憊不堪之外，還感到痛苦與失望。那裡的村民指著高聳入雲的山頂。

於是，旅人最後一次爬上了山。他看見山頂上坐著一個小老頭，瘦骨嶙峋，面帶微笑。「生命的奧祕，是湧泉！」他說。

旅人被激怒了：「我長途跋涉來到這裡，不是來聽你說生命的奧祕是湧泉的！」

「呃，不是嗎？」小老頭問道。

如果你和這個旅人一樣，已經讀了這麼多內容、走了這麼遠，卻沒做書中的練習，你也可能和他一樣感覺自己還在尋尋覓覓，對我的答案感到不滿意、幻滅或痛苦。我可以到世界末日都還堅持這樣的信念——當你在意識世界與夢中世界取得平衡時，當你把兩種語言融合為一時，你會感覺到生命力在你之內沸騰。你將會體驗到快樂、有趣、激動和興奮。泉水會在你之內汩汩上湧！但我何必要試圖說服你呢？你必須自己去弄清楚。

如果你尚未感覺到生命的喜悅像泉水一樣在你心中湧出，你可能需要重複本書中所介紹的一些任務。記住，想像力是一個不受時間影響的永恆世界，始終都存在。雖然我為了簡化我自己和你的任務，系統化整理了十二個部分，但你必須同時進行所有任務。這看似不容易，但其實不難，因為當你熟悉了所有任務之後，你自然會想要將它們整合成一套流暢的練習。

一路走來，你是否有看到什麼跡象，表明你正往正確的方向前進？先前我不告訴你這些，是怕會影響到你「看見」的能力，但是，如果你已經走到了這裡，也如實地加以練習了，你一定能認出我所要描述的跡象。

還記得太陽和月亮的故事嗎？當你剛開始練習時，你的夢反映的是你的日常生活，就像月亮的光是反射太陽光一樣。你的夢是忙碌的夢、噩夢，或反覆出現的夢。它們的光芒忽明忽暗，有時盈有時虧，這是因為你還沒有穩定自己的情緒，也還沒學會將情緒轉化為感覺。

當你練習清理過去和日常事件，當你透過練習來誘發想像力時，神奇的事發生了：你內在的月亮開始熠熠發光。曾經黑暗的、稠密的、沉重的、封閉的、失序的、漠然的想像力，或過於飄飄然、短暫易逝、難以捉摸或不穩定的想像力，現在都變得清晰、銳利、乾淨。混合的顏色消失了，取而代之的是純淨的顏色。移動變得更流暢、更變化多端，新的組態很容易就出現；而轉化令人感到驚訝、驚喜及愉悅。

隨著你繼續練習，純粹的顏色開始從較暗沉的色調，漸漸移到更淺淡、更明亮、更柔和的範圍。它們變得透明，而後發光。即使在你觀想黑暗時，黑色也不是稠密的，而是半透明的、發亮的。光芒照耀著所有的形相，讓它們璀璨生輝。

最後，這些形式在光中融合，失去了各自的邊界，所有一切都變成一個發光的白色。身、心、靈都將拓展到這種無邊界的光芒中，變成完全透明。修練者也被照亮，與宇宙合而為一。

這是最後的任務了嗎？日與月、意識與夢結合了？還沒有。為了最後的收尾，旅人還必須下山，把光帶到物質實相中，並以合宜的行為與謙遜的品格為立足基礎。交織的舞步不能停止、不能懈怠，而是繼續自我重塑，直到你嚥下最後一口氣，這樣的生命會不斷以它的流暢、從容自在與豐盛為你帶來驚喜，永不止息。

隨著時間推移，如果你來到一個讓你覺得失去了天堂之光的地方，請永遠記住，你曾經透過積極平衡這兩個世界而找到它，而且你總是可以再次找到。這永遠是一個值得你傾全力為之努力的理想，永遠不要放棄回歸那裡的權利！

當太陽和月亮融合為一時，你的修練已臻於完美。那道光存在於你之內，日日夜夜照亮著你。即使在你最深沉的無夢睡眠中，你也知道有這道光。意識與夢境，任何時候都活在你之內。

你曾受到外在和內在力量的衝擊，但現在的你已經成為精通它們移動方式的大師。任何時候，哪怕只是一瞬間，只要你能觸摸到移動的靜止中心，你就會變得完整。安靜地坐在它的中心，同時持續地跟隨著它的移動：天堂來到了人間！你心中的花園繁花盛開，煥發出光彩！

第12章練習快速參考指南

身歷其境的體驗對立：教你與矛盾和平共處（p.289）

呼氣三次。去看、去感覺，並親自去體驗以下各種對立：國王與乞丐；呼氣一次，天與地；呼氣一次，光明與黑暗；再呼氣一次，同時體驗生與死。呼一口氣，睜開眼睛。

在物質世界中逆轉：學著在物質世界中，用你所能想到的方式去練習逆轉（p.297）

換手打網球、打高爾夫球、擊劍、繪畫、寫作或完美倒車，練習這些人為的逆轉。緊跟著你自己的內在及外在世界的心像線索，去觀察出現的共時性、同步性和機會，並且毫不猶豫地抓住。

睡著後，保持清醒（p.299）

在你快睡著時要保持警醒。注意你入睡的確切時刻。呼氣一次。早上也試著在快醒來時保持意識，前一晚先告訴自己，在睡著與醒來的過渡時刻保持意識清醒。不要讓醒來的過程淹沒、沖刷掉你的夢。

做夢時，保持清醒（p.300）

在你開始做「逆轉回溯」練習之前，先做這個練習。躺在床上，閉上眼睛。告訴自己做夢時要意識到自己正在做夢，可以在夢中這樣提示自己：「我正在做夢。」

在夢中回應夢的挑戰（p.301）

白天時，你已經多次練習如何回應夢的挑戰。現在，試著在做夢時直接回應。在夢中說：「這是我的夢。」你知道這些都是你的心像，而選擇怎樣去接觸它們則是你的責任。然後，適當地回應夢中的挑戰。

與你的夢對話：學會向你的夢提問重要的問題（p.302）

在做「逆轉回溯」練習之前，躺在床上，閉上眼睛。呼氣三次。想像你拿著一枝金筆，在黑暗中畫出一個金色的圓圈。接著在圓圈內，以亮金色的字寫下你要問夢的問題。例如：「我懷孕了嗎？」如果這是你當下最迫切的問題，那麼夢肯定會給你答案。如果這不是真正最迫切的問題，你也會收到一個答案，但那是回答真正迫切的那個問題的。你無法欺騙夢的世界。請確保在第二天早上準確地記錄下夢中的每個細節。

內外的洞察力：專注外在世界的同時，練習同時觀察夢境（p.304）

永遠都不要忽視外在世界正在發生的事，同時也要注意內在世界發生的事。觀察出現在內在螢幕／影帶上那些自發性出現的影像及話語，不要試圖去解讀，只單純地讓你的意識去吸收。

來自夢境世界的話語：練習大聲說出你的夢境（p.307）

當你與人交談時，練習使用眼睛的雙向移動——同時向內及向外看。然後練習從兩個源頭發言——左腦評判，而右腦做夢。談話時，兩邊輸入的訊息都要用上。由於欠缺的通常是夢的輸入，每當你與他人交談時，都要專注地表達你思維中屬於夢境的那一面。

附錄1　系列練習範例

下面是引導式練習的範例。做這些練習時，要一次完成。然後，將你看到的畫面寫下來。

◇彩虹橋

1去看到、感受到、體驗到暴風雨過後降下的清淨雨水，大雨過後出現了彩虹。

2看到一滴水珠懸在雲上。進入這滴水中，進到核心處。你發現了什麼？

3去看到、感受到、體驗到彩虹如何成為上帝與你之間的橋梁。

4看見並理解：為什麼彩虹是神顯化的徵兆，表明著人類將免於另一場大洪水的災難。

5想像你在爬階梯，每個台階都是彩虹中的一個顏色。當你踏上紅色台階時，聽見紅色的聲音，感受聲音出現在你全身的每個地方。看見紅色為你喚起的畫面。呼氣一次，踏上橙色台階。呼氣一次，踏上黃色台階。呼氣一次，踏上綠色台階。呼氣一次，踏上藍色台階。呼氣一次，踏上靛色台階。呼氣一次，踏上紫色台階。

6現在，從階梯走下來。去感知、看見，並感受到身上披著一件有階梯全部七種顏色的衣服。聽見這些顏色一起合奏的交響樂。

7去感知、看見，並感受到這件七彩外衣是神聖母親（the Shechina）的擁抱。呼氣一次。看見並理解為什麼少了它，我們的身體就會像缺水的植物一樣枯萎。

8感受到身體裡某個疼痛的部位。看看疼痛是什麼顏色。呼氣兩次。把雙手放在疼痛部位上，觀察顏色有什麼變化。

9觀想與你親近的人們。辨識並承認自己對其中一些人有負面情緒，為自己辨識出哪裡有惱怒、憤怒、羨慕、嫉妒、恐懼。看見你的情緒，並準確地說出來它們是哪一種情緒。不要試圖假裝不是那樣。呼氣一次。看著你情緒的顏色，它是如何投射出來的？又是如何在你與對方之間形成一道防護罩？呼氣兩次。後退三步，觀察你的情緒變化。你看見什麼？發生了什麼？

10看見並理解顏色會變暗，是因為分離。呼氣兩次。看看你對他人的嫉妒背後，隱藏了什麼？

11去看到、感受到，並理解你真正在較勁的是什麼。呼氣兩次。你是否曾經感覺到憎恨？把它辨識出來，也認出這種情緒是什麼顏色。

12去看到、感受到，並理解為什麼神聖母親經常隱藏在黑色的衣服中。呼氣一次。體驗並理解為什麼傳說是因為約瑟的緣故，紅海才會為希伯來人分開。關於情緒轉化，這個故事告訴你什麼？

13去感受、看見，並感覺情緒如何改變你的呼吸。當你處於恐懼、憤怒、嫉妒與憎恨時，體驗你的呼吸。呼氣兩次。當你生出敬畏、愛、感恩與勝利等感受時，你是如何呼吸的？呼氣一次。去體驗並理解如何回到自然的呼吸節奏，當你這麼做時，意味著你正一步步修復你與神之間的盟約。

14 觀想你的雙手正從腳往上觸摸身體的正面部位。想像你正在撫慰著氣場的顏色。觀察你如何呼吸、有何感覺，以及你的顏色如何變化。你的身體發生了什麼事？呼氣一次，看見自己身上披覆著虹彩。

附錄 2　唱誦詞彙清單

以下是一份詳盡的詞彙清單，你可以從中選擇用於唱誦。唱誦時，請使用希伯來語的音譯，並只使用 Mi Do Re 這三個音。如果找不到最能描述你目標的詞彙，就挑選一個最接近的英文單字。如果你對希伯來文有所涉獵，最理想的方式就是直接使用希伯來詞彙。當你選用的詞彙只有兩個音節時，可以把第一個音節唱誦兩遍，分別對應 Mi 與 Do 這兩個音。請注意，CH 發音是硬喉音。

中文	英文	發音	希伯來文
豐盛	Abundance	SHEFA	שֶׁפַע
覺醒	Awakening	H'ARAH	הֶאָרָה
起始	Beginning	BERESHIT	בְּרֵאשִׁית
至福	Bliss	ONEG	עֹנֶג
鎮靜	Calmness	SHALVAH	שַׁלְוָה
慈善	Charity	TZEDAKAH	צְדָקָה
清晰	Clarity	BEHIRUT	בְּהִירוּת
慈悲	Compassion	CHEMLAH	חֶמְלָה
概念化	Conceptualization	B'RI'YAH	בְּרִיאָה
自信	Confidence	BITACHON	בִּטָּחוֹן
勇氣	Courage	OMETZ	אֹמֶץ
創造	Creation	YETZIRAH	יְצִירָה
區別	Differentiation	HAVDALAH	הַבְדָּלָה

中文	英文	發音	希伯來文
信念	Faith	EMUNAH	אֱמוּנָה
前進	Forward	KADIMAH	קָדִימָה
快樂	Happiness	SIMCHAH	שִׂמְחָה
純真	Innocence	TEMIMUT	תְּמִימוּת
喜悅	Joy	SASSON	שָׂשׂוֹן
生命	Life	CHAYIM	חַיִּים
愛	Love	AHAVAH	אַהֲבָה
仁慈	Loving kindness	CHESED	חֶסֶד
寬容	Mercy	RACHAMIM	רַחֲמִים
秩序	Order	SEDER	סֵדֶר
耐心	Patience	SAVLANUT	סַבְלָנוּת
平和	Peace	SHALOM	שָׁלוֹם
準確	Precision	DE'YUK	דִּיּוּק
領悟	Realization	ASI'YAH	עֲשִׂיָּה
憶起	Remember	Z'CHOR	זְכוֹר
回歸／懺悔	Return/Repentance	TESHUVAH	תְּשׁוּבָה
神蹟	Sign	SIMAN	סִימָן
正直	Straight	YASHAR	יָשַׁר
靜默	Silence	SHEKET	שֶׁקֶט
成功	Success	HATZLACHAH	הַצְלָחָה
寧靜	Tranquility	MENUCHAH	מְנוּחָה
完整	Wholeness	SHALEM	שָׁלֵם

國家圖書館出版品預行編目（CIP）資料

成為自己的光：卡巴拉夢行者的生命奇航 / 凱薩琳.
仙伯格 (Catherine Shainberg) 著；童貴珊譯. --
初版. -- 臺北市：早安財經文化有限公司,
2023.01
面； 公分. -- (生涯新智慧 ; 54)
譯自 : Kabbalah and the power of dreaming :
awakening the visionary life
ISBN 978-626-95694-3-4(平裝)

1.CST: 夢 2.CST: 靈修

175.1 111020815

生涯新智慧 54

成為自己的光

卡巴拉夢行者的生命奇航

Kabbalah and the Power of Dreaming

Awakening the Visionary Life

作　　者：凱薩琳・仙伯格 Catherine Shainberg
譯　　者：童貴珊
內文審訂：黨文超
特約編輯：莊雪珠
封面設計：Bert.design
責任編輯：沈博思、劉詢
行銷企畫：楊佩珍、游荏涵

發 行 人：沈雲驄
發行人特助：戴志靜、黃靜怡
出版發行：早安財經文化有限公司
電話：(02) 2368-6840　傳真：(02) 2368-7115
早安財經網站：www.goodmorningnet.com
早安財經粉絲專頁：www.facebook.com/gmpress

郵撥帳號：19708033　戶名：早安財經文化有限公司
讀者服務專線：(02)2368-6840　服務時間：週一至週五 10:00~18:00
24 小時傳真服務：(02)2368-7115
讀者服務信箱：service@morningnet.com.tw

總 經 銷：大和書報圖書股份有限公司
電話：(02)8990-2588
製版印刷：中原造像股份有限公司
初版 1 刷：2023 年 1 月

定　　價：380 元
I S B N：978-626-95694-3-4（平裝）